與人為善的幸福哲學

吳家德的豐盛人生心法

吳家德——著

獻給我的父親母親

目錄

2

做一個有故事的人

3

善意使我更強大

4 人生的終極目的

【推薦文】

每一次與吳家德相遇，我們之間只有喜悅

楊斯棓／醫師、《要有一個人》作者

也許你有看出我的心意，這篇文章標題，是向《最後一次相遇，我們只談喜悅》（*The Book of Joy*，作者為達賴喇嘛與屠圖主教）一書致敬。

每一次與吳家德相遇，何止喜悅，根本是忘情大笑。

我與能讓我發自內心笑出來的人，才有辦法長期往來；若還要防著這個人，不如永遠斷開。

其實，在認識家德之前，我主動積極的程度，可能只有他的兩、三成。

家德的作品，鼓勵我可以多給陌生人一些機會，與此同時，其實是多給自己一些機會。主動積極，正面迎逆浪，總能衝浪而上。

我出版第二本書《要有一個人》時，在台北舉辦讀友會，邀請了跟我較熟稔的黃國珍老師（黃春明之子）和《安靜是種超能力》作者張瀞仁與我同台。我把這段緣分串在一起，然而，一再「把緣分串在一起」正是吳家德的強項。

這是第六本家德力作，每個篇章開頭勾勒的那段話，都發人深省，俱屬家德魂。

譬如，「做自己生命的主人」。對我來說，如果我為了迎合家母的期待，那無非得畢業後持續行醫，不要去做「有的沒的」（跟看診無關的事情通通叫有的沒的），直到六十五歲退休。我認為，那我就不是我自己生命的主人。

我向ＭＪ學財報、向綠角學資產配置、買下全世界（的一小部分），一整年當中，我花很少的時間，就可以讓自己過去的累積，以穩定的速度滾大。而大部分的時間，我可以花在閱讀我想閱讀的書，偶爾為文行俠，助講仗義。這樣的人生，對我來說，才是「做自己生命的主人」。

現在的你，是不是自己生命的主人？如果不是，你覺得要放棄些什麼？要開始做點什麼？你有沒有辦法今天就開始改變？

甚至，「做一個有故事的人」？

有些人看起來口才不凡，但其實是很會傳唱別人的厲害，這當然也是一種厲害。

只是，若談談你自己做過的事，有沒有哪些是獨一無二到足以對公眾分享的？

若有，你就是一個「有故事的人」，你應該好好過活，活出好故事。先活出好故事，才能寫好它，講好它。

我認為我跟家德有一個共同點：「我不怕你對我不好！」為什麼？

因為對我好的人，多到在排隊。

你對我不好，我頂多不理你。我連罵你、跟你計較的時間都省下來，我專心去回應對我好的人。

對我好的人，我尋思要如何「好回去」，我專心回應這些人，我的人生就超級富足。

《從宜蘭海港孩子到英國企業楷模：貨車女孩蔡惠玉的精采人生》的故事主角，是旅英企業家蔡惠玉。她是對我好的人，買了好幾百冊我的書，每一本幾乎都親送給她家鄉的老師、主任、校長。

有一次，我逮到一個機會，就帶她去我喜歡的「陳記百果園」，吃我平常喜歡的水果點心，把她介紹給店家。我、她、店家都珍惜有緣相識，期待下次見面。

我光忙這種事情就忙不完，能量豐沛，樂此不疲，這不就是家德說的「善意使我更強大」？

我沒尋思害人報仇，我專心回應善意，涓滴善意終將帶來源源不絕的善意瀑布。

人生的終極目的是什麼？

你有想過，自己的墓誌銘，應該寫些什麼嗎？

大多數的墓誌銘是他人所寫，極少數的墓誌銘是「當事人」生前老早準備好。

你可以今天就寫下你的墓誌銘，每年生日，微調一次，或重寫一次。寫完後的一整年，就照著你自己寫下的墓誌銘來活。

我覺得吳家德就是這樣認真活著的人。

【推薦文】

寶藏的入口

蔡淇華／惠文高中圖書館主任、作家

「周思齊百盜百轟的簽名壘板，七萬元。」吳家德在台上話聲一落，台下馬上有另一位來賓舉手。那一天，他透過拍賣兩片紀念壘板，非行少年的「逆風劇團」，在彈盡援絕之際，有了十五萬元的續命丹。

台下許多人都被家德的義行血誠深深感動，包含「觀察」家德多年的我。是的，我對風頭浪尖的名人，總會先打一個問號，要觀察多年後，才能確定這個人是真，還是假的？

吳家德是真的，他的新書《與人為善的幸福哲學》，講的也都是

真的。

吳家德信佛，他的人生是在行動中入世修行。他不僅熱愛工作，也熱心公益，用演講與更多人廣結善緣。從成大安寧病房服務、佛光山南台別院當社教義工、募款援助偏鄉運動員、為安得烈食物銀行義賣桌曆、周末為獨立書店助講，到為重傷的音樂人辦演唱會圓夢。他真的在一呼百應的行動中，幫了好多需要的人。

吳家德很真實，但也很平凡：平凡的出生、平凡的外型、平凡的學歷，卻活成了不凡的品牌。吳家德總是不斷告訴自己，我們終究會成為過去，當好好把握現在，讓未來也成為一個美麗的過去。因此，吳家德總是用自己有限的生命，去幫助需要幫助的有緣眾生，持續實踐熱情、與人為善，終於在金融界、餐飲業，或是慈善事業，成就無可替代的品牌。

許多人羨慕他的不凡，想擁有他的能力。吳家德就將他鍛鍊這些能力的心法，都記錄在這一本充滿故事的新書中，例如：

人脈是數量，人緣是質量。

修行，就是「修理自己的不行」。

我會犯錯，但練習做對。

只要臣服，人生不苦；只要轉念，人生不難。

做人就是做品牌，把人的本分做好了，品牌就會愈來愈有價值。

……

家德對我很好，無所求的對人好，所以我超級愛他（哈哈）！並且，當家德想做任何好事時，我總是會和家德全世界的朋友一樣，說一聲：「一句話，你的事，就是我的事。」

若朋友們都和我一樣，被他的樂觀感染，成為「正向人際網」的一員，因此想效法吳家德，結合「能力、興趣、生命價值觀」等三個要素，讓熱情成就有意義的一生，那一定要讀讀這本書。

吳家德是寶藏。這本書，便是寶藏的入口。

［自序］

善緣流轉，幸福流傳

謝謝你，翻開這本書，讓我們的緣分更靠近一些。「善緣流轉，幸福流傳」，是我想要透過文字傳遞的核心價值。書中有觀念，也有故事，讀來輕鬆，希望你喜歡。

生命的種種都是自己創造的，沒有人可以代替你過生活。如果用心過每一天，必然有許多感觸。我寫出來的文章，不一定能感動所有人，畢竟每個人的思想與見解不盡相同，但我自己一定要先被感動，否則就不應該放進書中，成為篇章。

我問自己，我會成為什麼樣的人？

我是一位很普通的人，經歷生命的悲歡離合，深知「人生苦短，及時行善」的道理。所以，我立志要在有限生命裡，貢獻一己之力給身邊有緣眾生。

年過半百的我，還有什麼期盼呢？就以「利他為己任，奉獻為職責」來當成自我砥礪的信條。願自己持續精進，願自己不退本心，也願大家安好順在，各得所願。

人生旅途是一場修練過程，藉由困難與挑戰、快樂與幸福，反射出自己是怎樣的人。盡情體驗，不留遺憾，是我的生命態度；與人為善，人脈利他，是我的人際信仰。

我明白自己的不足，所以盡量的學習成長；我清楚自己的天賦，所以盡力揮灑熱情；我希望成為朋友的依靠，所以讓自己強大。

紅塵俗世中，保有純樸性格，用微笑迎人，用真誠待人，用專業對人。生活不如意之事，十之八九，快速轉念振作，用感恩取代負向能量，必有佳作，帶來好運。

年紀絕對不是衡量一個人成熟的關鍵。成熟的關鍵與個人閱歷有關，也與每個人經歷事情之後，表現出來的心態有關。正常來說，遇到更多挫折與磨難，會更有經驗與抗壓性，造成人的成長與智慧。

但也有例外，如果一個人遇到許多不幸，總是怪罪外在環境與他人，都不想調整自己的態度與做法。那麼有再多的考驗，對他而言都是打擊，根本無法讓他成熟。

經歷人生種種挑戰的人，一定會從中找到經驗法則，再從經驗當中，淬鍊屬於自己的行事作風，最終演變成每個人的人生價值觀。

我問自己，人生追求的是什麼？

半百人生，讓我看見生活的許多酸甜苦辣。我認為，情緒反映人的心理狀態。高興、快樂、難過、悲傷，都是人性的顯現。

世界或許紛擾，讓自己不受干擾，覺察環境，快速轉念，就是自己要練習的功課；樂於用真誠的心、善良的情、美好的行為與人間交流，便是自在；放下執念，學習慈悲，願意原諒別人，有能力就幫助別人，是生活的日常，也是修行的根本。

風雨再大，依舊會雨過天晴。重點是「過」字。一切都會過去，藉由重大事件，學會讓內心看見生命本質，便是關鍵。明心見性，反璞歸真，就是「修行」的意義。

對你來說，生活的體驗是什麼呢？我認為是得到「快樂」。簡單一點，就能得到快樂；知足一點，就能得到快樂；正向一點，就能得到快樂。我的快樂哲學，就建立在「簡單、知足、正向」這三件事上，它們是我生活的基礎、基底，也是基調。

人生乏味嗎？不會，只要多接觸人群。

人生無聊嗎？不會，只要多開口聊天。

人生會有趣，是因為你把生活當遊戲。

人緣會成長，是因為你把緣分當養分。

夢想是行動力的油門，幸福則是逐夢的犒賞。每天問自己，到底要的什麼？有沒有很快樂？每天去做讓自己有成就感的事，就不會覺得累，再大的挑戰都願意面對，這就是使命與願景。

「平凡」與「平安」簡單嗎？我覺得很簡單。但沒有歷經滄桑的人生，很難接受平凡；沒有感受病痛的日子，很難體會平安。生活充滿曲折離奇，蜿蜒複雜，才顯平凡與平安的珍貴。

這一本書，我想說的是……

書中分為四大部分，一開始，我想先談談如何「做自己生命的主人」，剖析我的內在思想與核心價值；接著分享「有故事的人」，聊聊與人為善的故事。

哲學家說道：「殺不死我的，將使我更強大。」我想多加著墨的是「善意如何使我更強大」，自己如何發揮影響力，與更多人產生善的連結；最後也想闡揚「人生的終極目的」，我們如何利他共好，把每一天活得更有價值。

每個人終究要親自書寫生命旅程，自己體驗世界變化，才知道人生是怎麼一回事。希望我書中的文字能助你一臂之力，讓你找到安頓身心的寄託，成為你的精神食糧。

謝謝遠流出版公司對我的支持與鼓勵。成為作家的第一本書，就是在遠流出版的。

十年前，我毫無作品，也沒有名氣，遠流相信我，陪我走過菜鳥作家的青澀與懵懂，我感念至今。

這本書要謝謝編輯團隊的用心，包括明雪、祥琳與嫵守，感謝她們提供寶貴的寫作建議與方向。當然更要感恩企劃曼靈，這幾年和她保持聯繫，討論出版議題與架構，讓此書得以問世。

最後，我想要對讀者表達誠摯謝意。書只是載體，我們的心靈相會，才是生命得以繼續向前的最大養分。

PART 1

做自己生命的主人

我們每個人都在自己的生命旅途中摸索前行，
有時風塵僕僕，有時困惑迷茫。
如何主動選擇自己的人生？可能是善用年輕的本錢，
可能是在職場找到自己的定位，也可以是熱情的擁抱每一天。
當你覺察這些，未來就已悄悄改變。

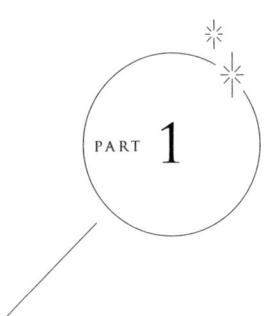

一路覺察

我對修行的看法，
就是「修理自己的不行」。

藉事練心，心定事圓。

從小到大，我們經歷了成千上萬的事情。有歡樂，有苦難，有開心，有傷心，有美好，有糟糕。這些事件都是生命成長的過程，也是打造自己成為怎樣的人的歷程。

有人經由事件的磨練與考驗，蛻變成功，成為更好的人；有人經由事件的打擊與傷害，委靡不振，找不到人生的方向。

這就是人生。生而為人，充滿挑戰，柴米油鹽只是物質的需求，悲歡離合更是精神的牢籠。如果人要進階升級破關，從物質往精神層面是必然的。

說實話，要把自己的人生認真且快樂的過好，不是件容易的事，但練習把日子過好，也是自己的修練與功課。這個人生大課若能修正圓滿，便是智者。

人雖然是「個體」，但因為生活在「團體」，必有磨合也會有衝突，都是不可避免的。一個人的修行看似單純平易，較能證得菩提，但老天通常不會創造如此簡單的局勢讓一個人好好走下去，把局面搞得混亂殘破，把問題弄得可大可小，是生活的常態。

一個人事小，可以自我解決，與自己和解是心法；多數人事大，需要溝通理解，共好雙贏是結局。從一個人的入世，走向多數人的共識，也是生命的必然，因為人無法離群索居，單獨生存，需要集體生活，體驗世間的人情冷暖。

一個人好好活著，再到一群人也可以活得好好，就是修行之路。我對修行的看法，就是「修理自己的不行」。行的不用修，不行的才要修。把不行修到行，便是解脫，也是圓滿。

這門從不行到行的過程，需要「用心投入」與「善用時間」才能愈來愈好。

心，主宰人生。心之所向，身之所往。

時，光陰歲月。有限生命，無限慧命。

根本之道，我認為是「覺察」。

覺有情，察無常，是我的生命態度。

如何讓覺察更顯光明透澈？我的淺見是「信仰」與「反省」。信仰是光，讓人看清本質，明心見性。有了自己的核心價值，走在學習的道路上，就能遵循正途，不走歪道。

反省是悟，讓人領會世俗，洞悉萬物。反省生活中的順與不順，深切體悟所思所想，讓自己安穩性靈，不驚不怖。

先把自己的人生顧好，稍有餘力，再行利益眾生之事。我並不完美，但學習更美；我會犯錯，但練習做對。人生漫漫，歲月悠悠，記得修行，感知世間情，才是人生。

只要臣服，人生不苦；只要轉念，人生不難。我一路覺察，感受幸福，也傳遞快樂，這是我的半百人生。

刻意練習的本心

自私或許是人的本性；
讓自己變得比較不自私，
則是人的本事。

放手是愛，不放是礙。

如果你現在的身分是一位父親或母親，你的孩子的職業是銀行的理財專員，有一天他回家告訴你，他被其他銀行挖角了，除了加薪也升官。孩子想問你，他是否應該去新的單位任職。

身為父親母親的角色，如果確認是更好的機會與條件，也沒有法律與道德上的問題，我想多數的家長，應該都會鼓勵孩子轉職吧。畢竟，天下父母心，看到自己的孩子有更好的發展，有誰不要呢？

換個角色再來思考一下：如果你是那位理財專員的客戶，這位理專每年幫助你投資理財，達到穩健的獲利。當他告訴你，他要跳槽到別家銀行任職，你會怎麼想？是如他的父母親一樣祝福他，還是暗暗希望他不要離開，繼續協助你管理資產？

這是一個「耐人尋味」的題目。

一般人看到的是「眼前」，擔心的是自身權益會不會受損；而關心你的人看的是「未來」，在乎你以後會不會比現在更好，然後祝福你愈來愈好。

每一次簽核同事的離職單，我希望我能做到的，是看到對方的未來。以他的父母親的視野去看待發展，而不是只想到自己的私利。每個人選擇留下與離開，都可以充分溝通與善解，最終尊重其選擇。

自私或許是人的本性；覺察自私的行為，讓自己變得比較不自私，則是人的本事。從本性到本事，需要刻意練習的本心。

本心的修持與精進，在紅塵俗世的干擾之下顯得格外重要。馬斯洛（Abraham Maslow）的五大需求是多數人耳熟能詳的觀念。先從滿足生理的需求，再到安全與歸屬感的層次，最終談自尊與自我實現等生命意義。

一般剛出社會的年輕人，沒錢、沒資源是正常的。所以他們努力賺錢，滿足生存需求。這個時期，如果有機會選擇換到更高薪水的工作也是合理的。除非他的單位與組織能給他更多的愛與關懷，讓他越級感受到更高階的需求，這樣他才可能不會離開。

當我們明白，每個人都有權利讓自己變得更好，不僅是財富的增加，也包括人際關係的和諧，與自我夢想的實現。以此為前提，生活中的任何變動都是一種常態。若懂得「換位思考」與「替人著想」，自私的成分就會下降，修練「本心」的功課就會愈做愈好。

從月球看地球，角度不同，視野不同，心胸也就不同了。

善用青春的膠原蛋白

苦難是化了妝的祝福，
早一點開始面對壓力吧！

我的正向，來自磨難。

遇到困難的事愈多，解決的能力就愈強。這個道理大家都懂，差別只在於我們遇到困難的事，是逃避還是面對。或許，這取決於人的性格。

有些人，遇到鳥事，樂觀思考，勇於解決；有些人，面對困境，成天抱怨，只想逃跑。

為何人要逃跑，不敢面對呢？我想是壓力吧！

壓力需要長期練習，抗壓性才會強。最好是愈早練習，成效愈好。舉個例子：二十來歲做業務，沒有包袱，敢衝敢撞，只想成功；五十歲才當業務，彎不下腰，執念很重，害怕失敗。

我會建議，趁年輕，每一年給自己一些承受得起的壓力，年長之後，舒適圈才會擴大，否則未來的路，會比較崎嶇難走。寧可早一點準備，也不要老大徒傷悲。

說到壓力，現代人的壓力有數百種，但最多人面臨的，應是「金錢」的問題。

世間生活，離不開錢。我從大學時期，開始感受沒有錢的壓力。所以，我大學打工，擔任家教，也在爾後人生學習理財知識，讓錢不會左右我的人生。關於錢的壓力，我慶幸自己早一點面對，否則時間拖愈久，壓力會更大。

沒有錢，就努力賺錢。用時間，用專業，用人脈，都能賺到錢。怕的是只想走捷徑賺快錢，忘記積沙成塔，複利帶來的效益。

沒有能力，就認真培養能力。能力像是蓋房子，絕非一蹴可幾，花個數年是跑不掉的。打磨久了，會有實力的。

沒有愛，就練習慈悲心。慈悲是一種胸襟，也是人生的大智慧。學習對人好，修練自己的心性，愛自然能滿溢。

錢、能力、愛，都需要用心經營，才會強壯茂盛。三者互不衝突，也可並行擁有。外在生活需要錢與能力來支撐，才會有踏實感；內在心靈需要愛的滋潤，才會有幸福感。

不論是哪一種壓力，練習「正向看待」才是王道。而正向看待的淬鍊，其實來自更多的逆向考驗。解決困難的次數多了，就會覺得不困難。所以關鍵就是，善用青春的膠原蛋白，多自找壓力，讓壓力不找你。

苦難是化了妝的祝福，早一點開始面對壓力吧！壓力就是助力，讓你的人生更加美麗。

職場通行證

✳ 改變沒有不好，
害怕改變才不好。

有一回，到大學進行一場職涯講座。職業生涯，簡稱職涯，這是每個人都會面臨的生命過程。

一般而言，從學校畢業，走入職場，就是職涯的開端。職涯的時光，有些人很早，從學生時期打工的十五、六歲就開始；有些人比較晚，比如拿到博士學位才正式踏入職場，可能已經三十好幾。不論早晚，職涯占據我們人生的大半輩子。

學校請我演講的題目是：「職場通行證——總經理教你如何在大學培養職場的必備能力」。針對這個主題，可以談論的範圍很廣，小至聚焦在「個人競爭力」的議題，大至聊聊「職場文化」的差異，都是可以分享的內容。

既然題目有「通行」兩字，我便提出五個與「行走」有關的問題，讓同學思考。這五個題目分別是：

一、你在哪？

二、你要去哪裡？

三、為什麼要去那裡？
四、用什麼方法去那裡？
五、到達那裡，然後呢？
我用這五個問題，與同學開始交流職場種種，也開啟一場哲學的思辨之旅。

「你在哪？」這個提問很有趣。你可以說自己在家、在學校、在公司，就像拿著智慧型手機，打開地圖後，會看到上頭藍色的點點，那就是自己目前的定位。

沒錯，既然要開始通行，知道目前的位置非常重要。人生是一段單行道的旅程，時間寶貴，千萬別浪費。這個題目就是要我們知道自己現在所在的位置；且只知道在哪裡是不夠的，也要盤點目前所有擁有的資源，包括專業的技術能力、人際的溝通能力，或者其他武藝，通通要檢視清楚。以便上路之後，有能力面對挑戰，不至於被打趴。

賢人說：「謀定而後動。」意思就是要我們先找到定位，然後才開始行動，比較不容易失敗。很多人沒有先通盤考量自身的條件，就開始「跟風」或往人多的地方去。走著走著，發現自己走在一條不是很喜歡的道路。要回頭，不甘心；要繼續，不開心。陷入窘境，進退兩難。

這個階段，我的建議是找到自己的天賦熱情，趁年輕，多嘗試，真的不喜歡，趕緊換跑道，因為試錯成本低，絕對來得及東山再起。

✳

千里始於足下。整裝之後，就是出發的時刻。這時候要問自己：「你要去哪裡？」我給這個題目更清楚的定義，就是找到「夢想」。結合自身優勢與資源，問自己想要到達哪一個目的地。

人活著的目的是什麼？這是大哉問。在離開人間之前，你不想錯過的地方有哪些？年輕時，追求物質與名利是必然，漸有閱歷之後，往精神與靈性會是多數人的方向。

以我的例子來說明：年輕時，當上總經理是我的夢想，「專業經理人」這條道路就是我的目的地。我用了二十多年的職涯歲月，非常努力，也很積極，終於登頂成功，成為一位專業經理人。

回顧我二十多年的職涯，我覺得自己的心態也會逐漸改變。身體健康的狀況、結婚生子的心境，還有身邊親友同事的變化，都會讓自己的價值觀稍有不同。年紀愈大，面臨「悲歡離合」的機會愈多，改變自己目的地的可能性就愈大。改變沒有不好，害怕改變才不好。

⁂

「為什麼要去那裡？」是個很科學又很哲學的題目。科學是可以量化的指標，舉凡在企業要當上什麼角色、一年要賺多少錢，都是可以衡量達成率百分比的。哲學的問題往往沒有標準答案，有些人會說開心就好，平安也行，只要能夠快樂幸福，其餘的都不重要。

我認為，如要探究「為什麼」，找到「驅動力」才是關鍵。動機很清楚，渴望很重要。「當你真心想要的時候，全宇宙都會為你開路。」就是這個意思。

「為什麼」是一種自我叩問的力量，也是每個人核心價值觀的確立。不斷的自問自答，這條人生路或職涯路才會愈走愈康莊。

找到為什麼要去的理由之後，「用什麼方法去那裡？」便是行動方案，也是策略地圖的展開。夢想（目的地）是方向；選擇（工具）是方法。先決定方向，再用對方法，才是正確的順序。

舉個例說明：如果你現在在台中，卻不清楚要去什麼地方，結果搭了一班南下的高鐵列車，縱使速度很快，但到了高雄，才發現這不是你想去的目的地，又要重新回到台中。是不是很勞民傷財？

如果你確立方向，知道要去台北，即使身上沒有足夠的錢可以搭高鐵，依然可以用不同的方法向北方前進，或許是比較便宜的交通工具，甚至利用人脈搭免費的便車。速度不若高鐵快也沒關係，離目的地卻能愈來愈近。

這就是為何一開始，我們要盤點現有的資源的原因。了解自身狀況、找出想要去的地方、確立要去的理由，就能走在夢想的道路上。

✳

如果一切順利，職涯發展或人生道路總有機會到達目的地。人生是不斷循環的系統，「到達那裡後，然後呢？」便是下一個階段的問題。通常，要先能爬完一座山。對我來說，再次登山的時間，落在人生的下半場。

「如果你已經美夢成真或是登上巔峰，不要忘記拉拔年輕人，也讓後起之秀，可以得到成就感。」這是我對自己的期盼與要求。

「教導」與「傳承」，是我人生下半場的一定要做的功課。隨著年紀愈來愈大，打過美好的仗之後，要把舞台讓給年輕人，讓他們有機會揮灑；我則當一位稱職的教練，好好的培訓鼓勵他們才是。

這五個問題不僅適用於職涯停看聽，也很適合用來校準自己的人生，是個兩全其美的好做法。

預約更好的自己

人生道路的學習，
是一堂只有開學典禮，
沒有畢業典禮的過程。

二〇一八年，我在臉書寫下一段話：「我五年內欲達成的夢想之一，就是能到某大學的畢業典禮演講。」當時的我，可能受到賈伯斯（Steve Jobs）與許多企業家的激勵，覺得自己也有機會到大學畢業典禮對畢業生說說話。

到了二〇二一年，全球疫情蔓延，愈來愈嚴重。實體課程紛紛轉到線上，大學生幾乎都在家上課，學校對於要不要舉辦畢業典禮都左右為難。

幸運的是，隨著疫情逐漸緩和，校園的課程恢復正常。二〇二三年的春天來臨，距離我二〇一八年向宇宙下訂單的演講即將滿五年，竟接到母校元智大學校長的來訊，問我是否可以在二〇二三年的元智大學畢業典禮上致詞，對學弟妹說說話。

得知這個好消息，我整個人跳起來，簡直樂翻了。我終於「美夢成真」，也「心想事成」，太不可思議了。

當天的演講，我是這麼說的：

各位貴賓與今天最重要的畢業生，大家好。

我是元智大學的校友吳家德，很榮幸，三十年後，能再度回到母校，站在典禮的舞台，對學弟妹講一些話。

我想要分享三件事。這三件事都跟我在學校的學習有關，但也都與我未來的人生更相關。透過這三件事，我想和大家聊聊對我爾後人生帶來的影響。

第一件事，分數與排名都是一時的，慈悲與善良才是永恆的。

為了今天的演講，我找出二〇〇五年回到元智申請的成績單。這張成績單上頭記錄著，我的畢業總成績是七六．七二，班排名在五十二位同學中排第二十四位。我想要告訴學弟妹，人生的成就如果只看分數與排名，今天應該輪不到我上台致詞才是。

學長出社會後，做最久的就是業務工作。用不到九年的時間，在銀行業升到分行經理的位置，有了自己的辦公室。也因為做得不錯，讓我得到許許多多獎盃，擺滿在辦公室的櫃子上。

有一回，一位打掃的阿姨，不小心把我前一年最重要的獎盃，從櫃子撞倒掉在地上，當場碎裂聲響。我轉頭看她，她一臉驚慌，應該想說，自己的工作大概不保了。

你們猜，我對這位阿姨說什麼？我說：「阿姨，您手有沒有被割傷？人沒事就好，碎碎平安啦。」

那一年，我四十多歲左右。我問我自己，如果我年輕氣盛，應該會很生氣。可是經過歲月的洗禮，我覺得慈悲才是最值錢的獎盃，慈悲與善良是人生的核心價值。

學長要告訴大家的是，不管你的畢業成績與分數多少，那都只是數字而已，去追求慈悲與善良的人生，那會讓你過得更快樂幸福。

第二件事，學習是一場馬拉松競賽，出社會才是學習的開始。

如前面所說，我的校內成績普普通通。但現在的我，充滿自信，熱情有勁，原因何在？答案就是熱愛學習。人生道路的學習，是一堂只有開學典禮，沒有畢業典禮的過程。現代科技一年數變，讓自己保有濃烈的學習動力，是未來職場的致勝關鍵。

學長在出社會第十年，又重拾書本，拿到了碩士學位。更在三年前，我的兒子考上大學時，我同時也考上了博士班，現在也是一位博士生呢！我想說的是，以前讀書為了通過考試，現在學習是為了探索新知，成為更好的自己。

所以，不管你現在是用什麼學位畢業的，那怕已是博士生畢業，都不能放棄學習。想贏從書開始，準沒錯的。

關於學習，學長還有兩個心得：

第一個，找到自己熱愛的領域去投入。我常說，投入才能深入，做自己熱愛的事務，你會異常興奮，學習成效也就事半功倍。

第二個，找出職場的典範，向他們學習。剛出社會，在飯店業工作，我就師法嚴長壽先生，向他學習總裁獅子心。後來到銀行業，我就崇拜我銀行的老長官，吳均龐先生。他寫的一本好書，《狐狸與獅子》，很值得想要踏入金融業的學弟妹閱讀。到餐飲業任職高階主管的時候，我去上米其林主廚江振誠先生的餐飲實務課，向他學習品牌與經營心法。

第三件事，用熱情驅動世界，用人脈幫助別人。

剛進大學時，我的個性內向安靜，隨著參加服務性的社團與更多的打工經驗，有機會與更多人產生互動，我的個性開始轉變。雖然還是內向，但已沒有那麼內向。

真正讓我變外向的關鍵有二，一個是到銀行擔任業務人員，另一個則是到安寧病房當志工。業務，讓我不怕挫折；志工，讓我更加溫暖。這兩種角色，讓我的血液開始製造出熱情的DNA。

在我的經驗裡，真正的熱情，有三種要素：

第一個，是微笑，代表著身體的形象。

第二個，是樂觀，代表著心裡的態度。

第三個，是積極，代表著靈性的素養。

擁有熱情，人生快樂。熱情不僅讓我回顧過去、活在當下、展望未來，更是人脈的加速器。

過去我的人脈不廣，現在我的人脈很廣，未來我的人脈可能會更廣，這其實都來自熱情的加持。人喜歡與熱情的人交朋友。因為我夠熱情，所以很容易交到朋友。又因為交朋友的目的是拿來幫助別人，所以很多朋友覺得和我交往無害，也就長期往來。

熱情是根，人脈是本。做人根本之道，就是用熱情驅動世界，讓人脈成為利他工具。

過去這些年，因為我出版了幾本書，讓師長有機會邀請我回學校為學弟妹演講，並參與校友會事務。學校是我們人生第二個家，期待大家畢業之後，都能常懷感恩的心，回饋母校。當一位快樂又有智慧的元智校友，感謝大家。

二〇二三年，我完成了畢業典禮的演講。到了二〇二四年的秋天，我竟再度受邀，回到母校元智大學擔任開學典禮的演講嘉賓，更是一件令我開心不已的事。

我演講的題目是「預約更好的自己」。我對台下將近兩千位新生說，如果讓我重回校園當一位大學生，一定會做五件事，分別是：

一、設定夢想，大聲的講。

二、持續學習，永不止息。

三、年輕冒險，勇氣彰顯。

四、感恩的心，人生如新。

五、樂觀以對，成長不墜。

呼應之前對畢業生的勉勵，我覺得「夢想、學習、冒險、感恩、樂觀」這五大元素，不論在學或畢業，都要隨時帶在身上，絕對是在社會上永保安康的護身符。

真心感謝廖慶榮校長的邀請，能夠在元智大學擔綱畢業典禮與開學典禮的演講者，我感到無與倫比的光榮。這是我人生值得紀念的大事，終生難忘。

用熱情的態度過好每一天

「日正當中」的階段，
工作是成為更好自己的心鑰。

過去、現在、未來，是人生時間的寫照。

過去不可追，但可以回憶。過去的種種，是歡樂或悲傷，都是一種記憶，也是讓你現在想要成事的動力或阻力。記憶不是祝福，也非詛咒，只是一個事件。而你看待事件的角度，會成就現在的你。

現在是當下，當下是永恆。現在的你，該為擁有現在感到驕傲。因為此時，是人生最美好的時刻，可以想像思考，可以唱歌跳舞，可以哭，可以笑，可以去做你想要做的任何事情，哪怕沒錢、沒資源，都不能限制你對未來失望，因為有夢最美，活著就是恩寵。

未來的美好，現在去成就。你有夢想嗎？沒有夢想又如何呢？說實話，那是你的人生，你決定就好。只是對未來有所期盼，總是能讓現在的自己多點興奮之情，對過去的自己多些自信心。

用自己有限的生命，去幫助需要幫助的有緣眾生，是我未來最大的夢想。我們終究會成為過去，當好好把握現在，讓未來也是一個美麗的過去。

會有這一番體悟，是感嘆自己從民國八十六年開始工作，累積職場歷練二十八年。時間過很快嗎？好像是。因為一轉眼就到中年。但時間又是那麼公平，每個人的每天都是二十四小時，沒什麼好比較。唯一不同的是，善用時間的能力。

每每在演講場合，總有聽眾問我，關於「能量管理」的看法。我的回答很簡單，就是「用熱情的態度過好每一天」。

我的熱情包括「微笑、樂觀、積極」這三大要素。要能時刻擁有熱情也不簡單，除了保持健康，情緒控管也要得宜，更重要的，是必須清楚自己要過什麼樣的生活，才不會渾渾噩噩，虛度光陰。

能量剛開始，彷彿「旭日東升」，有光但不夠熱，這段時期，好比人的出生到學生階段。出社會之後，經過一段時間的磨練成長，來到「日正當中」，此時的能量最強，可謂陽光普照，熱力四射。我覺得在職涯階段都應該保有高能量，才能面對工作的挑戰。最後，「夕陽西下」仍有餘溫，是人生的退休階段，能量尚存，但會用在對自己最重要的人事物上。

✳

我曾經在畢業典禮上對「旭日東升」的學生演講，這一篇，我想再談談「日正當中」的階段。我們一生中，工作的時間很長，能量管理在此更顯重要。我認為，工作是成為更好自己的心鑰。這把鑰匙是快樂的泉源，也是能量的來源。做不開心的工作，必定沒有能量，也無法產生熱情。

工作占據多數人的生命時間，如果不喜歡工作，通常就會活得不快樂；如果很喜歡工作，人生猶如在天堂，會很幸福。「用工作實踐夢想，讓夢想成就工作」是我不斷傳遞的價值觀。

實際上，工作很難全然一路喜歡到底，但多半也不大會一直討厭工作。工作的挑戰與困難，會隨時空與際遇而不同。有時候是「人」的問題，有時候是「事」的棘手。好壞參半，這是職場的常態。

如果要藉由工作讓人生變得更快樂，找到工作的意義與成就感便是重點。這也就是說，工作要有強烈的興趣與動機，較容易驅動自己樂在工作，使命必達。

興趣與動機的結合，就是我們的夢想。能夠做著喜歡的工作，又能對工作進入好奇好玩的熱情模式，那就是達成夢想的方程式。

找到好工作不難，擁有夢想也不難。難的是你不想思考與尋找，也懶得做夢。

我喜歡熱情的嘗試，我相信這樣終能成事。

PART 2

做一個有故事的人

每個人都希望擁有好的人際關係，
但關鍵往往不在於遇見誰，
而在於我們願意如何與人真誠互動？
或許聆聽，或許對話，累積屬於自己的故事，
並讓這些故事成為影響他人的力量。

世界上最難搞的是人

※ 以誠善待人、腳踏實地，
成為受歡迎的人只是早晚而已。

別一心想成為受歡迎的人，而是要成為自己喜歡的人。

活著，總有自己與別人的問題需要解決。自己的問題較好處理，若能自我深層對話，願意誠心面對自己，找出自己的優缺點，成為自己喜歡的人比較簡單。

和別人的連結與共事，就沒有那麼單純。個性、想法、價值觀、利益、目的可能都不同，要達成共識，就必須磨合，也要不斷溝通，否則常常會有猜忌與算計等情事發生。有些人忙到最後，一定會說，世界上最難搞的就是人。

你曾因為世上最難搞的是人，從此對人失去信心嗎？

這個答案，我不知道。但我可以確認，如果你的生命經驗一切美好，應該不至於會有這種想法。但如果生活充滿荊棘險惡，你的腦袋雷達，一定會驅使你做出負向選擇。逃離現場，遠離人群，會是你的答案。

當學生，除了追求成績，也希望和老師、同學好好相處。定期交作業、上課認真聽講、考試穩穩發揮，和老師的關係理應不會太差。

但和同學間的情誼，可能就不是這麼一回事。除了好好讀書的本分，同學間會不會互相幫忙、是不是搞小圈圈、有沒有合群之心、會不會打小報告、有沒有利益衝突，都是學生在校園內關心的重點。

走入職場當上班族，為了保住飯碗，或為了升官加薪，必須周旋在主管與同事之間。向上管理，絕對是顯學。為了得到好考績，到底是人在江湖，身不由己；還是勇於行事，真誠做自己，就看每個人的想法而定。

同事之間的關係對應，又比在學校同學之間的相處來得複雜。為了升官名額、考績等第、利益分配、誰在老闆面前比較紅……檯面上風平浪靜，檯面下各自較勁，小動作不斷，目的就是爭取好處，誰也不讓誰。

這種殺紅了眼的宮廷戲碼，在大小公司隨處可見。因人設事，因利設局，都是人性醜陋的一面，看久了或許見怪不怪。但這真的不是人之所以為人的目的——我要說的是，人為了名利與權力，用不正當的手段，卻以自我合理的解釋欺騙自己，真是不智。

可以問問自己活著的目的嗎？可以明白自己在世界上的功課嗎？可以找到自己能為有緣眾生付出的價值嗎？可以把自己所擁有的資源拿出來分享嗎？我不斷問自己這些問題，也希望自己不忘初心，廣結善緣，與世界同行。

成為受歡迎的人固然很好，但要真誠善良。我總覺得，只要以誠善待人、腳踏實地，成為受歡迎的人只是早晚而已。相同的，要忠於自己的內心，成為自己喜歡的人，這樣就可以活得快樂，感受人間的各種美好。

做好業務的三個關鍵字

真正的成功，
不是跑得快，而是走得遠。

二〇一七年，我還在遠東銀行嘉義分行上班時，有一位只有二十歲出頭的年輕小夥子跑進來我的辦公室，向我推廣好市多（Costco）聯名卡。當年好事多大賣場剛進駐嘉義，燃起市民的購物熱潮。

對於推銷，我一點都不排斥。因為我職涯的蛻變與成長，也是靠推銷變得愈來愈好。我覺得，優質的推銷人員應該要具備三個特點：外表要乾淨整齊、溝通要談吐得宜、產品要瞭若指掌。

做好業務，我想提出三個關鍵字：

第一，「拚」的精神：全力以赴，決不放棄。

第二，「巧」的思維：剛柔並濟，軟硬兼施。

第三，「學」的態度：求知若渴，與時俱進。

這位年輕人一進公司門就讓人驚豔。他的外貌俊秀青春，一看就知道是混血兒。口中卻說著流利國語，不難想像，他應該從小就在台灣長大。

彬彬有禮、說話得體，讓我對他產生良好的第一印象。明明知道他是來推銷的，但我對這位年輕人的家世背景感到好奇。

他的名字是吉森楷睿（Carey Giesen）。媽媽台灣人，爸爸荷蘭人，還有兩個雙胞胎弟弟。高中畢業之後，原本想要回荷蘭念大學，因父親早逝，不捨母親一人扛起家計，於是先放棄求學，走入職場。從好市多的收銀員做起，接著跑業務，擔任辦卡行銷專員，才讓我們有緣見面。

那次的言談中，我很訝異吉森年紀輕輕就非常懂事。後來有機緣進一步認識他的母親惠琴姐，才讓我更加了解他的人格特質。惠琴姐告訴我，吉森從小就很成熟獨立，非常孝順。青春期一點也不叛逆，反而以身作則，把兩位弟弟照顧得很好。

吉森熱愛車子。這些年來，他勤奮摸索，精進技術，竟自行創了業，在嘉義開設一家洗車美容名店。

他原本就有正確的業務觀念，總是以客為尊，不論多麼昂貴的名車，或一般的國民車，吉森並不會大小眼看待。他的待客之道，深受客戶信任與認同，從店家的Google五星好評可見一斑。

有一回，我問吉森，他開店的經營哲學是什麼？他說：「慢即是快」。我好奇他為何這麼說，他告訴我：「創業初期，想要成功的意念很強，但過度用力，跑得太快，反而讓自己看不清楚眼前的狀況。近年，發現慢下來之後，可以洞悉未來，對工作與生活的平衡有很大的幫助。」

然後他又補充一點，也是我非常認同的觀點。他說，服務客戶，如果有錯，不要強辯，趕緊致歉，用最大誠意尋求補救方案，通常客戶都會接受。

聽完吉森的回答，我深深感覺到，吉森的身體應該住著老靈魂，真想不到，這是一位尚未三十歲的年輕人說出來的睿智之言。

一夕長大的青春歲月，對吉森而言是極佳的養分。這是我認識吉森八年多，對他的人生道路，最扼要的詮釋。

吉森的行事作風實在符合我提出做好業務的三個關鍵字。更重要的是，在「拚」的背後，他懂得放慢腳步，看清全局。因為他深刻知道，真正的成功，不是跑得快，而是走得遠。那才是真正的「巧」與「學」啊！

轉身離開，幸福重開

不畏外在眼光，不懼生活挑戰，
努力活出幸福的自己。

到千佛山白雲寺幫百人的義工群做一場教育訓練。白雲寺位於新北市新店的山區。我從台南搭高鐵轉搭捷運到新店，再從新店搭計程車到白雲寺。

走出捷運站，我搭上第一台的排班計程車，駕駛是一位女生。依我的經驗，開計程車的女生人數真的不多，但只要搭上女生開的車，我都覺得服務很好。這回一上車，這位女駕駛就對我問好，非常的親切。雖然外頭飄著毛毛細雨，車內卻是溫暖的。

我問司機，可以讓我在車內吃個茶葉蛋嗎？來不及吃午餐，實在需要吃點東西果腹一下。她馬上回沒有問題，接著笑著對我說，她的三餐幾乎都在車內解決的。

聽到她的回應，我有些訝異。難道沒有陪伴家人、一起吃飯的時間嗎？「我離婚了。兩個孩子，一個在高雄讀書，一個已經在上班。她們都獨立了，不需要我操心。」她大剌剌的說出她的家庭背景。

或許是我的聊天模式讓她感到放心吧。我也告訴她，我的孩子年紀多大，與自己生活的種種。這是我時常能與陌生人聊開來的原因，有給，才有得到。不要一味問別人的資訊，適時講講自己是必要的。無形中，這拉近了雙方的距離。

我問她開計程車多久了？她說二十年。

「哇！很久耶，你是一出社會就開計程車？」

「沒啦，先生你愛說笑，我都已經五十多歲了。我是離婚之後，三十來歲開始開車的。」

「所以你已經離婚二十多年了？」我冒昧的問。「是啊，我的老公開始吸毒之後，我就看破了。趕緊與他切割關係，帶著孩子離開傷心地。」她一邊開車，一邊淡淡的訴說這段不堪往事。只有國中畢業的她，離婚之後，因為娘家不讓她靠，她獨自搬來年輕時曾住過的新店區，重新開始她的人生。

我問她，為何要開計程車為業呢？她拉開嗓門大聲說，如果去上班，薪水要下個月才領得到，會沒錢；開計程車，可以馬上收現金，只要夠勤勞，一定餓不死，況且自己要照顧孩子，如果常常請假，老闆也會不開心，所以，開計程車，對她而言是好選擇。

這段十五分鐘的路程，我的茶葉蛋早就吃完了。但聽她說人生故事，更是津津有味。她說，自己目前一切都很好，雖不是大富大貴，但衣食無虞，而且兒女懂事孝順，不會向她拿錢。我是她今天的最後一位客人，她清晨五點多就出來跑車，也要回去休息了。

很快的，已經抵達我的目的地。我把跳表的車資趕緊交給她，也和她說再見。下次能不能再搭上她的車？我不知道，但我祝福她的人生愈來愈好。

我很喜歡這趟車程中的對話，事實上，我經常在不同的車程中，展開這般生命的對話。我見過許多堅毅剛強的人們，不畏外在眼光，不懼生活挑戰，努力活出幸福的自己。

「認真生活，就是故事。」這是我最大的體悟。

善知識與正能量

等到真的需要別人，方去開口請託，
才會讓人覺得是現實之人。

有一回，趁著到高雄演講的空檔，專程到一位新朋友的辦公室走走。這位新朋友是惠華，她因為閱讀我之前的書，《不是我人脈廣，只是我對人好》，進而與我成為臉書好友。

惠華是一位壽險顧問，也是業務高手。從和她聊天的過程，我明顯能感受她的真誠。近年常與她在臉書上互動，算是半生不熟，剛好有這麼一個空檔，我就約定去她的公司走走。

惠華得知我要來，竟呼朋引伴，找了幾位朋友來相聚。他們煮咖啡迎接我、買點心請我吃。煞有其事的準備，讓我備感窩心。

原來，他們想要聽我開講。講人生，說故事，也分享生活日常。我聊了幾個觀念，和朋友們分享我的價值觀。

一開始，我說人生不外乎追求幾樣東西。健康、財富、社會地位、人際關係，都是主軸。設定目標，勇於追求，都是天經地義的事。不用害怕失敗，只擔心自己不夠努力。「有夢就追，逐夢踏實」是我分享的第一個核心價值。

接著，我想提出一個人脈觀點。我問現場一位大哥，他最崇拜的人是誰？他不假思索的回答「張忠謀」。我接著問，如果張忠謀常常到這位大哥的家裡串門子，甚至在公開場合說這位大哥的好話，那旁人如何看待這位大哥？

這位大哥自己笑著回答：「我應該會很受歡迎吧！」我再問現場其他人的看法，大家也都給予了相同的答案，認為這位大哥應該是個「咖」，縱使大家不認識他，但因為常常被張忠謀提起，絕對不差。

所以，我就告訴現場的朋友，多去親近「善知識」與「正能量」的人，在耳濡目染之下，會讓自己氣質昇華，變得愈來愈好。而且，善知識與正能量不是只有張忠謀這輩的人，生活中隨處可見，多靠近就是了。

現場有人問，這是「物以類聚」嗎？我說只對了一半，另一半還是要靠自己去追求。千萬不要消極等待，要積極創造善緣，好運也才會發生。「廣結善緣，與人為善」是我分享的第二個核心價值。

我再補充，許多人存在一個對人脈認知的偏差。

有些人會說，我又不是業務人員，我壓根兒不求人，何必去認識人？又或說，我的生活想要單純一點，不用去建立什麼人脈啦！甚至也會說，人心險惡，認識太多人，只是徒增困擾而已。

抱持這些想法的人，我不能說不對，但想提出未雨綢繆的看法。人生在世，總有突發狀況，需要別人幫忙。比如家人生病，需要請人建議醫師；生意往來，想要認識可靠廠商；甚至就連修繕東西，也可能得問內行高手的幫忙。這些都是靠平時累積善緣，才能快速取得的資源。

人生在世，都不需要請求別人幫忙，根本是不可能的。如果等到真的需要別人，方去開口請託，才會讓人覺得是現實之人。

人是互相的。有來有往，這是人脈交流的真諦。

結尾時，我對一桌朋友說，做人只要真心誠意，對人好的口碑就會自動流傳，做人就是做品牌，把人的本分做好了，品牌就會愈來愈有價值。「謙卑待人，會有貴人」是我分享的第三個核心價值。

一場小聚會，變成一場大講座。雖是意外，卻也不賴。

沒有門檻的幸福

人與人的相遇、相知、相惜，
都要機緣成熟，才會有進一步的往來。

熟識一個人，不刻意，等時機，一切都是最好的安排。

二〇一五年盛夏，我在佛光山南台別院聽了一場講座，頓時頗為震撼、感動萬千。我從未見過講者，第一次聽他分享。他外表粗獷、內心柔軟、美學底蘊深厚、說故事能力迷人，十足讓我驚豔。

演講結束，我沒有馬上離開會場。等著人潮散去之後，我到講台前向他說聲謝謝。聽到一場好演講，若時間與狀況允許，給講者最實質的回饋，就是親口告訴他「講得太棒了」，這比事後在社群的任何讚美都來得直接。

我向他比個讚，對他說，你的演講真是感動人心、賺人熱淚，好久沒有聽到這麼美好的故事了。他笑笑的對我點點頭，謝謝我給他的回饋。我問他，可以加臉書嗎？他說當然可以，從那天起，我和他就成為「臉友」。

回到家，我也把當天的聽講心得寫在臉書上，並整理當日筆記，寫下他說出的二十則佳句名言，分享其中三句。他說：「在人生最糟糕的時候，更要看向內心的渴望，如同在黑夜中仰望星光。」「生命有趨向美好的本能，你每一步的堅持都更靠近自己。」「不要依賴環境，讓自己變成好環境。」

我寫道，聽他的演講有「三好」。第一，口條好，講話平順有感情，思緒清晰有架構；第二，故事好，他用自身生命經驗，勇敢的表達人生理念；第三，迴響好，他的生命峰迴路轉，情感豐富，讓人聽到最後，帶來省思與檢討。

這場演講過後，我依然過我的生活，他仍舊忙他的事業，彼此並沒有密切的交集與互動，頂多就是在臉書上看到對方發文，按個讚、留個言這般日常。如果你問我，為何沒有與他成為更好的朋友呢？我會說「緣分」未到吧！

人與人的相遇、相知、相惜，都要機緣成熟，才會有進一步的往來。存心接觸，會適得其反。還有一點，我與他的生活與工作形態大相逕庭，算是弱連結，也就沒有刻意攀緣，創造深度的交往。

我們維持九年的臉友關係，在一個事件之後，開始起了變化。

二〇二四年的初春，他出版了一本書。我買來閱讀，腦海裡浮現九年前演講的場景。他還是初心不變，持續在藝術創作這條路上發光發熱。

我傳訊息給他，得到他正面的回應。我們電話先是小聊三分鐘，便約好下次見面要暢聊三小時。我總是比較雞婆，對他出版新書，如何讓書銷售得更好，提出我的見解。畢竟，在他出書前，我已經出版了五本書，算是有些經驗，給些看法也不為過。

我對他說，書要能賣，除了內容至上之外，一定要勤跑活動，包括新書分享會、私人社團的讀書會、企業舉辦的訓練課程，還有各縣市圖書館的藝文講座，都是推廣的好機會。

為了幫他在台南政大書城宣傳，我還製作海報，自動請纓擔任他的司機與司儀，目的就是讓他的好書被更多人看見。我甚至買了一百本他的親筆簽名書，寄給我認識的作家朋友群，期盼透過社群的力量，讓他被更多人看見。

以上種種，看似我為他做很多事，實則不然，他本身自帶能量與流量，在工作領域得了近百個獎項，聲量如日中天。我的幫忙，顯得微不足道，也多此一舉。話雖如此，我發自內心的幫他賣書，還是讓他非常感動。

如同一開始所言：「熟識一個人，不刻意，等時機，一切都是最好的安排。」我和他成為好友的過程，可以成為這句話的鐵證。

他曾經對我說過一件事。二〇一七年，蘋果公司（Apple Inc.）來台灣開設第一家直營店時，曾經指定與他合作。當時他很驚訝的問蘋果公司，自己在台灣並不有名，怎麼會找我？得到的回覆是：「我們要找的不是有名的人，是理念一樣的人。我們一樣都是希望為社會帶來美好力量的人。」

他也說過：「我希望用我的工作給人幸福，因為我不是一個人走到這裡，是成長過程中受到很多人幫助陪伴，幫助過我的老師不要求我回報，我能做的就是用他們的方式走進社會對待其他人。」

回想我們一路愈來愈熟的原因，我覺得有三點：第一，我們都很熱情，喜歡互開玩笑，這種一拍即合的個性，很容易讓友誼加溫；第二，我們從小的生長環境，都是苦過來的，或許他的處境比我更加艱難，但我們同樣珍惜苦難帶來的養分，是一種成長的力量；第三，我們對人生的未來，充滿希望與期待，也樂於用自身故事，帶給別人幸福與祝福。

相隔九年後再次相聚，也許是因為我們在不同的時空，都帶著良善的心意，同樣的努力。這讓我們不只能走向世界，更能走向一段美好的緣分。

他是楊士毅，一位才華洋溢的藝術家。與其說我起心動念想要幫他賣書，倒不如說，因為有此機緣與他同行，讓我得到更多快樂與回憶，更從士毅的生命故事，聞到幸福滋味，是這般的馥郁芬芳。

人生是一趟玩樂的旅行

不要讓數字限制自己的行動。
只要還活著，就要不斷創造有趣的人生。

一趟旅程，一個故事。

從台南搭乘高鐵到台北。一上車，我便拿出《逆思維》（*Think Again*）來看，這是讀書會的指定讀物。二〇二四年，我開始擔任遠雄遊憩公司讀書會的指導老師，董事長武祥生先生為鼓勵同仁閱讀，特別發起這個活動。

與我同時上車的一位先生，竟也拿出一本書來讀。讓我驚訝的是，這本書非常泛黃老舊，使人側目。我看到書名是《懷人紀事集》，作者是樂恕人，由時報文化出版。

出版社我聽過，書名與作者我完全不認識。我便問他說，這本書我沒見過，可以借我翻一下嗎？這位先生非常大方，馬上說好。我一看，原來是民國六十八年出版的一本散文。

因為我主動積極的攀談，這位先生也就開始與我話家常。一路北上的旅程，幾乎我有問，他必答。藉由一本老書，牽起一段一個多小時的請益之旅，這趟路真是值得。

這位先生告訴我，他國中時成績優異，因為家中經濟考量，沒有去念第一志願，而是讀了台北工專電機科。出社會工作第三年，旋即創業，開設一家貿易公司，主要代理電力設備，連台積電也是他的客戶。現在七十多歲，公司成立五十年，也早已交班給兒子了。

這位先生說，他在五十多歲時，為了讓自己更加精進，去讀政大EMBA，結交一群年紀比他小十多歲的同班同學。在三年前，他與研究所同學開始爬山，目前已經爬完四十多座百岳。但後來高山症明顯發作，讓他不敢再爬。不能爬山，那就開始玩三鐵吧！他說，只差騎腳踏車還要加強，其餘兩項，他都練好了。

我問他，難道不怕年紀大，發生風險嗎？他笑說，人生是一趟玩樂的旅行，寧可死在自己喜歡的活動上，比起終老在醫院的病床上更有尊嚴。

你以為這位先生只喜歡動態的活動，那就錯了。他也喜愛攝影，曾經舉辦多次攝影展，甚至還出版畫冊兩本。目前還正在學胡琴，已經上課五年餘。

休閒娛樂還不打緊，他自己多年前在桃園的鄉下買了一塊田地，每到假日，和他太太一起種蔬菜水果，到小農市集去擺攤，也得到有機認證標章。

他告訴我，年紀只是一個數字，不要讓數字限制自己的行動。只要還活著，就要不斷創造有趣的人生。他說，今天早上是搭第一班高鐵下來台南，和朋友在高鐵站的咖啡店談兩個小時的事之後，馬上搭和我同行的這班車回去。

「我還來得及回家吃午餐呢！」他笑著說。

一路上，我不斷拋出好問題，他也樂得分享他的看法與意義。他沒把我當成陌生人，反而感覺找到知己，把他當年的英雄事蹟全部講給我聽。

從出生講到求學，從上班聊到創業，從年輕說到年老，從事業談到志業。他的人生的確有趣，也充滿故事，讓我省思不少。我便提議來張自拍，他也開心配合。

若要問我，從他身上理解到什麼？我會說：

第一，不要用年紀限制自己的未來。想做任何事，就馬上行動。

第二，知道自己還有很多不懂的地方，有時間與機會就盡量學。

第三，對任何人保持開放交流的心態，也樂於分享自己的人生。

我喜歡認識醫師

我能做的，就是使盡渾身解數，
幫他找到適合的員工。

我接過的演講，最早的時間在早上七點，於高雄長庚醫院，對象是院內數百位醫師。主辦單位怕我從台南到高雄趕不及，特別安排我前一晚入住醫院宿舍，這個經驗讓我永生難忘。

疫情期間，我接到一場線上演講，時間是清晨六點，打破了這個紀錄。你沒看錯，是早上。主辦單位希望上班族可以早起，學習半小時再去上班。我笑著向主辦單位說，那我可要先準備好自己的上班狀態，一講完馬上開車出門，才來得及到公司開早會呢！

這場半小時的講座，吸引上百人參加。我真心覺得，熱愛學習的人還真不少。

有趣的事情來了。或許這場講座我講得還不錯，有位聽眾竟然寫了滿滿的心得，分享在臉書上，意外被我看到。更巧合的是，這位聽眾正是一名醫師。

我喜歡認識醫師，或許和工作有關吧！過去我在銀行上班時，醫師是銀行理財與放款的目標客戶。畢竟醫學院畢業生剛踏入職場的薪水，比一般上班族高很多，銀行把醫師視為優質客群，是有道理的。

認識醫師，除了對業務有幫助外，其實還有一個更大的好處，就是「助人」。過去這十多年，我因為認識較多的醫師，讓我可以幫助許多朋友。雖然我已離開金融業多年，不需要做銷售的業績，但助人的業績，我持續增長。

試想，每個人如果遇到身體病痛，有一位與自己熟識的醫師朋友可以諮詢，可能會多一份安全感。身體器官分類專業，每位醫師的專長也不一樣，更何況我的朋友居住在各個縣市，如果每個縣市都能認識不同的醫師，當然是多多益善。

這些年，也因為醫師朋友變多了，當我的朋友或我朋友的家人遇到醫療問題，若可以提供人脈上的協助，我會覺得很欣慰。「人脈的終極目的是利他」是我一輩子奉行的圭臬。

聽我這場線上演講的新朋友是張軒睿醫師。他是一位家醫科與安寧照護的專科醫師。我們透過訊息開始聯繫，聊得非常開心，也就相約見面。

當時他在雲林西螺的衛生所上班，我說我從彰化回台南時，可以順路去拜訪。我們約在咖啡館碰面，我沒忘記帶一本我的簽名書要送他，當成友誼的開端。結果，他竟然帶了十本《生活是一場熱情的遊戲》要來讓我簽名，十比一，高下立判，他贏了。

我們用一杯咖啡的時間，聊他的從醫之路，再聊到彼此的人生志向。雖是第一次見面，但毫無陌生感；雖在不同產業打拚，但價值觀一致。後續，只要公司有活動，我都會請軒睿參加，藉由更多見面次數，累積友誼厚度。

有一回，軒睿告訴我，他打算回到故鄉台中開業。希望能用他的醫療專業，照顧家鄉的鄉親。我對他說，如果需要徵聘醫護人員，我可以幫忙面試。

我跟軒睿說，醫療專業我不懂，但對於招募員工，了解對方的人格特質、是否具備服務熱忱，我有較高的敏感度與大數據分析，或許可以給他一些建議。

軒睿真的把我當自己人，在診所開幕之前，他邀請我與他和他太太一起面試新進夥伴。而我能做的，就是使盡渾身解數，幫他找到適合的員工。這是我樂意為他做的，也是我甘之如飴的無償付出。

這些年，只要在台中的朋友碰到身體的疑難雜症，我都會請軒睿幫忙。他也很熱心，給予支援與從旁協助。能藉由一場線上演講，認識一位好醫師，真是我始料未及，也樂此不疲的美事！

厚華的生命之歌

失去的當作禮物，
眼前的叫做幸福。

「何厚華，1965-2024，作詞人，唱片公司總監。」

這段文字是二〇二四年第三十五屆金曲獎頒獎典禮上，在大螢幕播映的一個畫面。雖然只有短短的幾秒鐘，卻道盡台灣流行音樂最高殿堂對何厚華的思念與緬懷。

認識厚華的機緣很奇特。十多年前，我是在網路上搜尋「抗癌鬥士」，才發現了何厚華這個名字。記憶中，何厚華是一位非常知名的音樂人，寫過四百多首膾炙人口的好歌。

為什麼我會搜尋抗癌鬥士呢？這是有原因的。某一回，我去探視朋友的母親。這位母親因為得了癌症，鬱鬱寡歡。朋友知道我的正能量很強，希望我能與他母親聊聊天，讓他媽媽寬心。

能幫助別人，我當然樂意為之。依約來到朋友家中，與他母親聚會。我在年輕時，曾在成大醫院擔任安寧病房的志工，對於安撫病人的心情還算有經驗。但朋友母親的一段對話，讓我踢到了鐵板。

這位年長的媽媽對我說：「你又沒有得到癌症，不知道我們的痛，你的安慰沒辦法讓我接受。」

當下，我愣了三秒，也只能回她，我知道，我感同身受。

回家後我想，我能不能認識即使得癌症，仍活得好好的人？上網搜尋，找到了何厚華，更拜臉書所賜，讓我與厚華成為朋友，慢慢開啟我們的善緣。

打開臉書，我經常會看到厚華說：「開始美好的一天！」哪怕那一天是要去醫院檢查、治療，他都能散播正向的能量。他很喜歡與朋友聊天，不會因為生病，就躲在家裡不出來，依然去教書、散步，這彷彿也提醒我們，生活本該如此。無論是否看到終點，都要把握眼前的幸福。

厚華也曾說過：「不要再說『為我加油』，你不是我，我已經很用力了，只要傳遞祝福就可以了。」這給我很大的啟發。我們習慣用「加油」來安慰他人，有時忽略了對方或許已經竭盡所能。厚華的言語讓我明白，真正的陪伴或許不需要過多言語，而是一種理解，一種共享。

從厚華罹癌，到他離開世間，超過二十年，我真心覺得他是抗癌鬥士。而這十多年來，只要有朋友或朋友的家人生病，我都能用厚華的故事，激勵他們，走出生命的低谷。

認識厚華，真心感謝他出現在我的生命，豐富我的人生。我的第一本書，《成為別人心中的一個咖》，還留著他的推薦序。他寫道：

跟許許多多的人一樣，我和家德的相遇到相識，或許有幾分巧合，卻也因為他的積極與熱情打動了我。他就是那種無時無刻無不充滿正面能量，並且感染給周遭的人。我更佩服的是，他可以兼顧好自己的工作，在職場上發揮得淋漓盡致，並且和他推廣善良與美好的業餘愛好，雖不相關卻毫無違背地並行，永遠有用不完的體力與行動力。

知道自己要的是什麼，實際追求與達成，讓自己的人生更富有，這彷彿是理所當然的理想抱負，但真正能做到的人少之又少，而家德卻是始終實踐，完全融入了生命之中。這也是我最羨慕與想要學習的富有，謝謝你，老朋友，重新定義也教會我這件事。

厚華的座右銘是：「失去的當作禮物，眼前的叫做幸福。」多麼簡單又有美學的文字啊。我把這段話繡在書包上，送給他當禮物。生活不如意或低潮時，我總是想起這句話，讓我沉著穩定，勇敢向前。

聽厚華分享人生，有一種甘醇的況味。他總能在黑暗中看見光，也能把老天帶給他的苦難轉換成生命養分，繼續美好的一天。

厚華說：「如果跌倒了，不妨就躺下來看看天空。」多麼豁達的人生觀！「投資痛苦，也應該要有報酬率，不該白白的浪費。」更是讓我感受強烈的一句話。

認識厚華，讓我懂得「愛是一生的功課」，更讓我明白，他那「該轉彎就轉彎的人生」是多麼的有智慧與魅力。有緣，就能相遇；

有心，就會感恩；有愛，就是幸福的開始。

厚華認為，這世上所有的美好，都是從愛自己開始。他也篤信，生命、愛和世上所有的一切，最後總會找到屬於他們的位置或出口。該過去的總會過去，留下來的都會醞釀成一種生命的芬芳。

厚華，我想念你。

做Podcast可以賺錢嗎？

我和他彷彿在不同的時空生活。
我的圈子善良互助，他的身旁凶險算計。

「你是藝人嗎？」

「不是。你怎麼會這麼問？」

「我看你的手機照片戴著耳機。」

「不是啦，這是錄Podcast節目的配備。」

……

「做這個Podcast可以賺錢嗎？」

這段對話發生在高鐵車廂，對話的起源是這樣的。

某天晚上，我搭高鐵要從台北回台南。走到車票上指定的座位，赫然發現我的座位被一位年輕男子占據了。我很有禮的詢問他，是否坐錯位置。他拿出手機核對，發現買的是上一班車，他錯過了班次。

索性，他就移到隔壁的位置，和我比鄰而坐。

這位男子身穿黑衣黑褲，眼神稍有殺氣，有一股江湖味道。我心想，他願意把位置讓出來，就代表他並非一位不講理的人，哪怕他看起來不太和善，我保持井水不犯河水的態度，也應相安無事。

列車從台北緩緩駛出，我拿出手機，瀏覽下午拍的照片，沒有特別注意我身旁的男子，也偷瞄著我的手機照片。好一會兒，他突然問我，我是藝人嗎？

當下直覺是，我被搭訕了。我自覺好笑，因為只有我搭訕別人，少有人搭訕我。我忖思著，他到底要幹麼？以我的社會歷練，和他過過招，應該不難吧。

我告訴他，這是上Podcast節目才會戴的耳機。又告訴他，手機裡有一個Podcast的App。他馬上用他的手機找到這個App，開心的說，真的耶。

但他的下一句話，讓我稍稍愣住了。他說：「做這個Podcast可以賺錢嗎？」你可以想像，這位年輕男子，他應該有很想賺錢的動機吧，否則切進來的問題，應該會先搞懂Podcast是什麼才對。

我馬上秀出幾位耳熟能詳的名人Podcast節目。告訴他，因為他們很知名，所以就會有業配，也會有廣告，他們就比較容易賺到錢。

他點點頭，表示他懂了。

既然他主動找我聊天，我就要他見識什麼是熱情的威力。這一趟車程，就是我問他答的模式，我主持魂一上身，他便乖乖就範，娓娓道來。

他說他三十歲，目前是營建業的板模工人，已婚，有兩個小孩。國中時期，父母生病雙亡，是由奶奶照顧長大。個性叛逆，高一即輟學。因為叛逆，進了少年感化院一年。他告訴我，他很羨慕有完整家庭的人。應該是說，太早失去爸媽的愛，讓他沒有依歸。

說起工作，他告訴我，因為不愛讀書，只能做底層的勞工事務，換過三十幾份差事，一直到做釘板模的工作，才讓他定下來。一個月只休兩天假，其餘時間都在工地。他當務之急只想脫貧，買一間小套房，不想再繼續租房子。

他告訴我，他幾乎沒有朋友，有的話，都是酒肉朋友，彼此諜對諜，只能同享福，不能共患難。他看透人性之惡，小人當道，只能遠離。我聽他這麼一說，覺得我和他彷彿在不同的時空生活。我的圈子善良互助，他的身旁凶險算計。

列車響起即將到站的廣播聲。他竟然問我，可不可以給他我的電話。我從他的表情看出，他很享受我問他問題。我猜，這輩子應該沒人問過他這些問題。比如，人生下半輩子該怎麼過？還想不想回學校補學歷？對兩個小孩未來教育的看法？

我很大方的告訴他我的手機號碼。他馬上撥了一通電話過來，看到我的手機上也顯示他的來電號碼。天啊，他是行動派的，這有一點像我。

我問他，為何會想要與我繼續保持聯絡。他說，我的年紀可以當他爸爸，他覺得和我聊天有一種溫暖的感覺。

我聽了之後，心裡湧上一股說不出的感動。或許，外在的差距並不代表距離，真正拉近人與人之間的，是真誠的交流與陪伴。能在他的生命中，帶來一點溫暖與安心，對我來說也是一種幸福吧。

我找到一位國文老師

全力以赴，不怕麻煩，
讓自己的閃失，成為好故事。

二〇二四年的暑假，我受邀在台南鹽埕圖書館的微光講堂開講，宜棋是負責的窗口。這些年她把圖書館的講座辦得有聲有色，是一位很稱職的館員。

我在演講最後，播出一張投影片，當成講座的結尾。這張投影片是詩人陳義芝的〈逝水〉，是我在大學時期就非常喜歡的作品。詩的最後一段寫道：「如你已年老／後不後悔／當初把槳伸向大海／沒有把夢划回山林」每每讀來，都會激勵自己更加珍惜歲月，愛惜時光，千萬不要當一位懊悔的人。

詩人席慕蓉也說：「含著淚　我一讀再讀／卻不得不承認／青春是一本太倉促的書」

是啊！我不再年輕，也無法恣意而為，但我活在當下，努力實踐夢想。時間很公平，對每個人都是一樣的標準，不會因為你「順風順水」就走得快，也不會因為你「四處碰壁」就過得慢。但每個人心中對時間的快慢還是有不一樣的感受，如同那句著名的廣告台詞：「世界愈快，心則慢。」那都是源自「心境」。

每次演講，我若以〈逝水〉作結，都會徵求有誰要朗讀，藉此讓聽眾隨著朗讀聲，一起進入詩的意境，也藉此感受這首詩的魅力。

那一天，當我問現場有誰願意朗讀這首詩，現場靜默了三秒。我不死心，再問一次，突然有一位聽眾舉手說願意。我開玩笑的對這位聽眾說，謝謝你舉手，你出聲，大家都鬆了一口氣。現場笑成一片。

這位聽眾是女生，氣質出眾。當她開口朗讀時，我感到驚訝。為什麼呢？因為她讀的很用心，包括聲音、表情、語氣、咬字是那麼的專業細膩、無懈可擊。朗讀結束，現場自然響起如雷掌聲。

我脫口問她，請問您是國文老師嗎？她說是的，驗證了我的第六感。我猜，會在朗讀方面下功夫的，一定是演員，不然就是有中文底子的國文老師。

演講結束之後，有好幾位讀者跑來找我簽名。其他的聽眾，也就逐漸離席。等我簽完名，腦袋一轉，突然覺得要送一個小禮物給那位老師才是。因為她的挺身而出，值得鼓勵。但，她早已離去。

我馬上問宜棋是否知道那位國文老師是誰，宜棋說她也不知道。我就說：「可否讓我看看簽到表？也許把五十多位聽眾的名字放進Google搜尋，搞不好能找到國文老師。」或許是我的業務性格濃烈，對於找人，總想要全力以赴。

讓我來告訴你結局，最後我真的從名單中，找出一位國文老師。因為無從確認，只能請宜棋協助聯繫看看。我告訴宜棋，要是真被我命中，再請問這位國文老師是否同意給我電話，讓我親自打電話向她致謝，並寄一份小禮物給她。如果不是，也是天意，至少努力過了。

隔天一早，宜棋傳訊息告訴我，她聯繫上了，真的是我說的這位老師！當下，我開心大叫，很快的打電話給這位國文老師，小聊幾分鐘，彼此加臉書，成為了臉友。當然，寄上小禮物也是必要的。

後來，這位國文老師傳了一個訊息給我：「謝謝家德老師分享！非常感謝圖書館的用心。平日裡都會鼓勵學生勇敢上台，自己也做到真是很開心。」她說她感受到我對人的用心與積極，實在很有意思。

這個事件帶給我什麼啟發呢？我的感受是，只要努力嘗試，就有機會成功。得之我幸，不得我命，盡力就好；也因全力以赴，不怕麻煩，讓自己的閃失，成為好故事。更重要的是，又多認識一位朋友，何樂而不為呢？

PART 3

善意使我更強大

「助人即助己」這句話不是口號，而是一種人生體驗。
一句問候、一個轉念，甚至一份小小驚喜。
點滴的善意像星光，當我們選擇善良，
選擇主動伸出手，世界也會回應我們更多的溫暖與可能。

送給孩子的關鍵字

見識就像一把鑰匙，
只要握在手中，
總有一天能打開改變命運的大門。

過去這十年，只要有公益募款案，我一定會親臨現場，與當事人深談，確認需求之後，才會將這個案子寫在社群平台公告。通常，這些個案都在偏鄉，又以台東與屏東最多。我必須開好幾個小時的車，才能抵達。縱使如此，我甘之如飴。

我沒想到，有一回的案子竟是在市區，而且就在我的故鄉台南。更讓我訝異的是，在繁華但稍沒落的舊城區，有近百位單親、隔代、新住民、低收戶孩童，需要善心人士伸出援手，讓他們脫貧，進而學會自力更生。

這個募款案發生在二〇二二年的春天，起於好友建智的告知。建智近年常常會送物資到台南市民族路上的一個課輔班，與課輔班的老師聊天之後，發現接送學童的廂型車已經老舊，也常常故障，等同讓孩子陷在交通危機中。

這個課輔班由「臺南市ihope愛希望全人關懷協會」成立。十多年前，經由教會牧師的愛心，開始收留許多弱勢的孩子。隨著照顧的孩童愈來愈多，協會的財務支出變得非常緊俏。雖然有申請政府相關補助，依然入不敷出，只能再靠大眾的小額捐款，才得以支撐。

協會有兩個分部，一個在中西區，一個在安南區。兩區都有一台車負責接送，安南區的車子尚可，中西區的車子車齡已二十年，數個來月常常拋錨在路邊，若是雨大風強，更是險象環生。

我前去訪談，聽到一段話，難免鼻酸。課輔班的老師告訴我，這群孩童在學校放學後，總是要先集合起來，等交通車來接。等待的過程中，難免會看到其他家長，買了下午茶點心，開著車來接走他們的孩子。這些孩童回到課輔班，總會問老師說，為什麼我會生長在沒父沒母、什麼都沒有的家庭？

聽到這個故事，再加上與孩子的互動，我紅了眼眶。心中想著，我一定要盡我所能為孩子募到一台中古的交通車。

愛的聲音很大，連上帝都聽見了。這個案子，經由社群平台的曝光，有兩百多位朋友共襄盛舉，總算是把這台愛心交通車募到了。協會的老師與學生都很感恩我與建智的幫忙。

我們也敲定在一個週末午後，舉辦簡單但充滿愛心的交車儀式。活動的當天下午，走入教堂，映入眼簾的是一群可愛的孩子，為了展現歡迎之意，一起唱〈小小的夢想〉。孩子隨著音樂，輕輕搖擺身體，唱出動人悅耳的歌聲。

藍天是白雲最美的故鄉，大地是小草成長的地方。
海洋是河流安歇的暖房，夢想是未來幸福天堂。
小小的夢想能成就大事，只要仰望天父的力量。
小小的夢想能改變世界，帶來明天的盼望。
耶和華是我們的力量，同心來為主傳揚來發光。
前面的道路全然交給祂，祂必同在使我們剛強。

說實話，聽小朋友唱聖歌有一股莫名的感動。這般美妙的歌聲，是如此的純潔感人，讓人陶醉其中，讓我感受到真誠無瑕的愛。

協會的老師請我對孩子說說話，我特別分享三件事。

首先，我告訴孩子，集結兩百多位朋友的愛心，才能成就這台車子，所以我希望孩子學會「感恩」。感恩是宇宙最強大的力量，懂得感恩的人最幸福。

再來，我請孩子從現在起，只要有能力就要幫助別人。能力不限於金錢，只要有心，一個微笑、一句問候、出個力、跑個腿，都是助人之事。所以一定要學會「助人」，才能快樂一輩子。

最後，我告訴孩子，一定要好好讀書，用知識的力量，讓自己脫貧，也藉由學習的動力，去探索世界。雖然目前的資源不足，但我告訴孩子們，我們的見識就像一把鑰匙，只要握在手中，總有一天能打開改變命運的大門。

「感恩、助人、讀書」，這就是我送給孩子的關鍵字。能為社會需要關懷的角落點起一盞小燈，我真的很高興。

旅行與修行

台灣東西兩邊都是海，風景各有不同。
我覺得我是在旅行，也同時在修行。

上一篇聊的是「交通車」的募款。這一篇就來分享「物資車」的勸募案。這兩件事都是好友建智請我幫忙的，不同的是，交通車用於台南市區，物資車則開往台東偏鄉。

台南往台東，自行開車的時程大約三、四個小時。這十多年來，由於偏鄉的學校演講與公益的募款案，我每年大約會跑個六、七趟。累積起來，是相當可觀的到訪次數。但與住在高雄的建智相比，簡直就是小巫見大巫。

建智把台東當成第二故鄉，幾乎每週都會去送物資與幫助偏鄉的弱勢族群。這也是我在公益道路上，持續支持他的關鍵。因為他是急先鋒，總讓我看到這個社會需要幫助的地方。

在島內開車幾個小時，對我來說是家常便飯。有幾年時間，我的公司在彰化，從台南通勤到彰化，已是我的日常。

在西部來回移動，比較沒有旅行的感受。但只要開車到台東或花蓮，哪怕是去演講或募款，都會有種旅行的氛圍。我想關鍵在於「看海」吧！從台南出發，一路往南，行經屏東枋山，右邊的視角就是寬闊又美麗的台灣海峽，若是想要歇息，路邊會有咖啡餐車，你可以停好車，點一杯手沖，看看大海，發發呆，再出發。

繼續開上路，會從台一線接到台九線的南迴公路。隨著新南迴公路開通，比起以往，大約能減少半小時車程。穿出數公里的隧道，再駛不久，就會迎來一望無際的太平洋。你會知道，台東到了。

台灣東西兩邊都是海，風景各有不同。我覺得我是在旅行，也同時在修行。「旅行」是一種「向外看」的路程；「修行」是一種「向內觀」的課程。旅行可以看山、看海，最終是為了看見美麗的自己；修行可以修福、修慧，最後是為了修持圓滿的自己。兩者兼備，才夠完整。

這次的案子，是在台東大武鄉的古莊。建智對我說，他認識一位住在部落的葉小姐很多年了。葉小姐很有愛心，會開著自己的小轎車穿梭部落，運送物資。建智說，以她這台車齡十多年的小車，要在深山部落負重前行，車子早晚會不堪負荷，所以提議買一台小貨車，讓葉小姐方便運送。

我這趟台東行，就是專程去找葉小姐聊聊。訪談中，我明顯感受到葉小姐的樂天與愛心。她說，雖然她從小的家境也不好，但看到獨居老人與一些貧苦家庭的遭遇，讓她願意挺身而出，承擔責任，為部落的族人盡一份心力。

訪談結束，要離去之前，葉小姐打開她車子後車廂，我看見裡面裝著好多包成人紙尿褲。她說，她等等就要把這些物資送到幾戶臥病在床的老人家中，讓他們可以使用。

這個案子，經由我在社群的報導與分享，不出幾天的時間，就把物資車所需的經費募齊。募款期間，我也與公司高層研議，資助十萬元，當成這台車子後續的油資與保養費，讓運送物資更無後顧之憂，得到董事會的大力支持。

我與建智約定好交車的時間，再來一趟台東巡禮。葉小姐非常用心，特地請來教會的修女，為這台車子舉行祈福儀式。我們一起雙手合十祝禱，祝福開這台物資車的人，都能行車平安，幸福喜樂。

這個社會，最需要照顧的就是孩子與老人。我很開心自己稍有能力，能夠為他們盡棉薄之力。利他的愛，無比強大；助人的心，永不停歇。這是我的使命，也是一輩子的功課。

主動積極，人生大吉

要幫助別人不是因為有「錢」，
而是有「心」。

小楊安排一場機車環島之旅。

四十歲的他，家住新北淡水。為了圓自己年輕的夢，他一個人騎著機車往南，行經台中、台南、高雄、屏東，走南迴公路到台東，再一路向北往花蓮、宜蘭邁進，最後回到家鄉淡水。

好玩的故事來了。

當他騎到花蓮瑞穗鄉時，腦海浮現曾經到瑞穗的富源國小執行偏鄉的營養計畫，也因此對這個部落稍有印象。人難免睹物思情，雖然騎在台九線，理應繼續往北，但內心有股聲音告訴他，可以向左轉，騎到校園走走看看。

他騎到校門口，看見兩位身穿棒球衣的小學生也在學校門邊。小楊是一個喜歡與人聊天的人，他問小朋友，為何站在這裡。孩子告訴他，等一下學校的棒球隊要在門口集合，球隊準備搭校車啟程到台中比賽少棒，他們兩位只是比較早到而已。

一陣閒聊之後，果真包含三位教練，以及其他十多位孩子陸續到門口，準備出發到台中。小楊能夠和孩子聊上兩句，也就心滿意足。當他發動車子，準備往花蓮市區移動之際，一位孩子大聲說出：「叔叔，你明天可以來看我們打棒球嗎？」小楊笑了笑，沒有正面回應這個問題。因為他知道自己此行的目的是環島一圈，明天下午怎麼可能狂奔到台中呢？

揮揮手，小楊向車上的教練與小選手說再見，也預祝球隊明天能打出好成績，便啟程趕路。他從瑞穗出發，要北上經過光復、鳳林、壽豐、吉安，抵達夜宿的花蓮市區。

當他騎在花東縱谷，徜徉於好山好水的懷抱時，他的內心隱隱有一個聲音鼓動著。「叔叔，你明天可以來看我們打棒球嗎？」這句話一直縈繞在他的心頭，久久揮之不去。

小楊晚上躺在飯店床上忖思著，如果明天不要環島了，改走中橫公路，從太魯閣國家公園往左騎，循著地圖上的路程與公里數，大約八個多小時可以抵達台中市區，或許還來得及幫富源國小少棒隊的比賽加油。

一念之間，他中斷環島這個夢想。

為了孩子的一句話，他早上六點起床，開啟一趟不可思議的加油之旅。為了讓孩子看到他真的出現在球場，他覺得一切都是值得的。就這樣，他趕在下午兩、三點左右抵達比賽球場。他一出現，驚嚇的不是小朋友，而是教練。某位教練用很誇張的口吻說：「楊先生，你是從花蓮飛過來的嗎？」惹得全部的小朋友哄堂大笑。

既然千辛萬苦狂奔到台中，小楊順勢客串球隊的客服經理。他知道偏鄉的孩子難得來到都市比賽，既然都來了，便和教練團商量，在隔天比賽結束後，他想要請球隊的孩子吃一頓好料理。

小楊找到台中的NU PASTA，便走進來問店長，可以幫忙訂二十人左右的用餐區嗎？他想要請小選手吃義大利麵與比薩。店長很熱情也很有客服理念，便多問：此行用餐的目的是什麼？

也因為店長貼心的問候與服務，又把這個請客的來由寫在粉絲頁上，才讓我想要與小楊認識。對人感興趣，生活很有趣。很快的，我聯繫上小楊，寫下全面完整的故事，也和小楊相約，若有機會一定要和他見面，好好認識這位有愛心的朋友。

這件事，發生在二〇二一年的十月，一個秋天繽紛、讓人感到舒服的時節。沒有他的一念之間，我也就沒有機會開啟後續與台灣貝比魯斯棒球聯盟的緣分。

⁂

與小楊電話認識不到一個月。某一天，我接到小楊的來電，說他上次認識的富源國小棒球隊剛好來北部比賽，也詢問我要不要認識富源國小棒球隊的張茂三教練。當然好啊，我說。

當時，富源國小全校約七十人，球隊孩子百分之九十是原住民，由於部落社區大多位在花蓮縣中南區，資訊資源各方面較缺乏，部落家長多數北上謀生，有七成的孩子是隔代教養或單親家庭，多屬經濟弱勢。

張教練在二〇一九年受邀參觀美國貝比魯斯棒球聯盟（Babe Ruth League）世界少棒錦標賽。比賽期間與聯盟人員開會，說出一句語重心長的話。他說：「我們有沒有想過，第二名之後的孩子們，我們應該給他什麼？」

意思就是，台灣都會區的孩子，有好的場地、好的教練，經費也充足，所以各項比賽幾乎都能拿冠軍；相對的，東部或偏鄉的孩子，可能沒有這樣的資源可以使用。對這群弱勢孩子而言，是否也該給他們一些機會呢？

貝比魯斯聯盟非常重視台灣東部偏遠地區及弱勢學校孩子發展棒球情況。認同張教練的理念，遂請他成立台灣貝比魯斯棒球聯盟，以處理後續出國比賽的相關事宜。

張教練告訴我，他要在台東舉辦二〇二一台灣貝比魯斯棒球聯盟的全國少棒錦標賽，共邀請十四所偏鄉的學校球隊參加。由於沒有大企業的贊助，張教練和團隊成員，需要募款才能辦這次的比賽。

了解張教練對偏鄉孩子的付出是如此的無私，我深受感動。也就在臉書發起募款活動，號召朋友一起出資，讓偏鄉孩子可以圓出國比賽的棒球夢。

一個禮拜的時間，我的臉友紛紛響應這個活動，終讓比賽的資金缺口得以補上。其中有個小插曲：一位在NGO上班的好朋友，收入本來就不多，但還是願意幫忙，問若資助一千元是否可行？當然可以啊！我對他說，要幫助別人不是因為有「錢」，而是有「心」，捨得布施的人，才是最幸福的人。

⁂

因為這次的募款，張教練特別請我到台東看小選手的比賽。礙於時間有限，我無法全程到場，便利用兩天的假期前往台東，有幸參與開幕典禮，並看了幾場賽事，內心非常喜悅感動。見到孩子天真可愛的笑容、在場上場下哼著童言童語的口號，真心覺得有趣開懷。

除了親臨現場感受比賽的熱情，我還要稱讚主辦單位真是貼心，每一場都有現場轉播，讓我隨時隨地都可以觀賞精彩賽事。舉辦閉幕式時，我人在台南，上網參與了這美好的一刻。

有別於傳統的頒獎，都是貴賓頒給得獎人，貝比魯斯棒球聯盟採用球員頒獎給球員，意謂場上是競爭對手，場下可以是好朋友。我非常喜歡這種感覺，充滿惺惺相惜的人情味。

我深知，這是貝比魯斯聯盟要讓孩子知道的一件事。打球是一種快樂的學習之旅，會成長，也會挫折，更重要的是，如何學會敬天愛人，從棒球比賽看到自己的進步。

當我看到兩位不同學校的小朋友緊緊擁抱、互相稱讚對方，這是人間最美好的畫面，讓我非常感動。這種為彼此喝采鼓舞的行為，已經超乎比賽的層次，讓人難忘。孩子本該天真，當我們看到天真的一幕，也該反璞歸真，一起快樂起來。

在台東的比賽之後，我與張教練也就愈來愈熟。隔年的農曆年，我還特地開車到花蓮，致贈一批年節小禮物給富源國小棒球隊的小選手們，也與張教練的學校同事吃午餐、聊聊天。我十分珍惜這種相迎道遠、久別重逢的感覺，是美好的友誼滋味。

在吃飯席間，我得知台灣貝比魯斯棒球聯盟將會在二〇二二年八月，赴美國參加貝比魯斯少棒的世界大賽。為了選出首支台灣U-12的代表隊，聯盟會在五、六月之際，在高雄進行比賽，將會有來自全台偏鄉與社區共十七隊的少棒球員一起競賽。

張教練告訴我，因為沒有大企業的支持與長期贊助，聯盟要到高雄的比賽經費還是會有缺口，問我是否能夠幫忙。我馬上回他，這是一定要的。雖然我知道，這次活動經費，比起去年來得更多，我還是願意貢獻己力。心中想的是孩子天真的笑容，與能夠出國比賽的喜悅。對於差額，拚命募就是了。

與聯盟夥伴細算之後，我承諾他們，我可以幫忙募款的金額是一百五十萬。這筆經費絕對不是小數目。上一回在台東的比賽，我募款的金額約莫五十萬，不到一年時間，要比原先募款金額多出一百萬，我該怎麼做呢？

依照過往的經驗，我認為單靠個人臉書這個管道大概很難達成目標，左思右想，想到了兩個方法：一個是舉辦線上講座募款，另一個則是企業贊助。

二〇二二年，仍是新冠疫情蔓延，尚未消退的季節。許多實體課程紛紛轉到線上，用線上講座募款，具有可行性。我找了三位好友來開講，我負責串場，主題訂為「學會業務力，人生很美麗」，梁櫰之老師談「成功的八個特質」，張宸嘉老師分享「超業的絕對成交方程式」，吳岳忠老師聊「成為唯一指定業務——客戶教會我的事」，每張票價一千元。我們募到十萬元，這是好的開始。

接著，我擬定企業拜訪計畫，希望有更多企業能夠贊助這次的棒球比賽。眾所皆知，棒球場的內野與外野都可以掛布條，這是主辦單位善用廣告版位的方法。經過一番努力，有十六家企業共襄盛舉，分別是悠活原力、萬潤科技、珍煮丹、老實農場、公勝保經、中美製藥、冠賢機電、商業思維學院、得來素蔬食、台灣運動好事協會、小王子聯合牙醫、吳寶春麵包店、鮮乳坊、映興電子，以及我服務的公司NU PASTA和天利食堂。

這個讓企業有廣告曝光效益的贊助案，是這次募款的主戰場。品牌不僅要會做生意，也要回饋社會做公益，才能讓更多消費者喜愛。我用三贏的角度來告訴這些企業主，紛紛得到他們的認同，也成功讓我募到上百萬的贊助款。

你相信嗎？這兩種募款管道，都是我第一次嘗試！

後續的一個月，除了工作以外，我幾乎都在忙台灣貝比魯斯棒球比賽的募款。只要有演講機會，我一定都會用力分享我想要募款的渴望，藉此喚起大家重視偏鄉孩子的棒球比賽機會。

最終，我再次用臉書，成功募到四十萬，終於達成募款一百五十萬的目標。為了孩子的參賽權，我真的拚了。

✧

一如預期，聯盟在高雄的比賽因為多方的協助而順利完成，也從十多支偏鄉球隊中，選出十五位選手，準備組成台灣代表隊，到美國參加貝比魯斯世界錦標賽。這是何等光榮的事！

台灣貝比魯斯聯盟知道，若接續組成代表隊要出國的經費也相當龐大。所以，聯盟也在網路平台啟動群眾募資的計畫。「讓第二名的孩子也能打球」是募資的主軸。

說實話，台灣貝比魯斯聯盟不若中華職棒有名氣；再者，這是少棒的比賽，對於一般球迷，比較沒有吸引力。眼看群眾募資的時間一天一天過，出國比賽的日期也愈來愈逼近。我便問張教練，若做最壞的打算，到出國比賽的經費缺口大約是多少？

八十萬。張教練告訴我這個金額不算少的數字。我心中盤算，縱使再於臉書上募款，金額一定不夠。我仍要想其他方法才行。

為了與時間賽跑，我先透過臉書再募款一次。或許我的誠意讓老天感動，竟獲得兩筆較大的善款。

第一個是我的遠方好友郭品辰先生。品辰藉由書籍認識我，我們從未見過面，當我又在社群發文說要募三十萬時，他竟發心匯了十萬到聯盟戶頭，甚至跑到球場幫小球員送餐送水。不僅如此，他很用心的寫一批明信片鼓勵孩子，祝福他們愈來愈好。總之，品辰突然在此時伸出援手，我非常感恩。

第二件事更神奇。起因是我請一位醫師好友幫忙找企業主贊助，好友告訴我，他認識一位低調又樂善好施的企業家，並願意幫我牽線試試看。因此，我便有機會傳訊息告訴這位企業家，關於貝比魯斯聯盟的種種。

說實話，因為剛認識，我沒有抱持太大的期望。因為對方不認識我，也沒有和我講到一句話。我心想，願意贊助就是最大的恩慈，至於金額，那就隨喜了。

想不到，隔天這位企業家就匯了五十萬到聯盟戶頭，讓我喜出望外，也感動萬分。我想用電話對這位企業家說聲謝謝，他回訊，不用客套，不足掛齒。

因為有這兩筆善款，再加上集結臉書好友力量的三十萬元，最終補足資金的缺口，圓滿完成募款工作。我想說，這真是不可思議的幫助，我感恩，也終生難忘。

⁂

二〇二四年的除夕這天，風光明媚，適合跑步。我刻意穿上印有「WU」（吳）的貝比魯斯棒球排汗衣。這是過去這幾年，為台灣貝比魯斯棒球聯盟募款所得到的贈禮。

我依舊跑在熟悉的道路上，也一邊與自己對話。回顧半百歲月，我感到踏實滿意。若追求更好，有三件事情。

一是讓自己的能力更強，幫助別人更有力量。

二是讓自己的胸襟更寬大，用愛包容世間的萬事萬物。

三是提升自己的慈悲心，更有智慧的解決生活大小事。

用「熱情」驅動世界，用「夢想」打造希望，用「善良」厚植愛心，用「利他」成就人生。這是我跑過這趟旅程後，所設定的心願。

沒有認識小楊，就不會有接下來一連串的好故事。「主動積極，人生大吉」，我是這樣認為的。

生意與公益

這是我人生第一次當拍賣官，
心情稍微緊張，但神情非常篤定。

二〇二四年六月十六日，對你我而言，可能只是個普通的日子，但對職棒退役球星周思齊來說，絕對是一個重大的紀念日。因為這一天，他代打上壘，然後發動盜壘，順利完成他職棒生涯第一百次盜壘成功。周思齊也成為中華職棒有史以來，完成千安、百轟、百盜的第九人。

認識思齊多年，一直很佩服他的公益心。他成立球芽基金，贊助偏鄉弱勢學校的孩子打棒球之外，也持續推廣閱讀教育。每一年提供給小選手的獎助學金經費超過百萬之多。他不是企業家，也並非生長在有錢人家，但他做出來的慈善成績單，讓人望其項背。

讓我佩服他的還有一點，就是他的學習成長心態。他筆耕不輟，持續寫書出版。我會認識他，也是因為參加他的第一本著作《心智鍛鍊》新書發表會。基於多位共同作家朋友，讓我們愈來愈熟。

在思齊完成他身為職業球員最關鍵的里程碑之後，我訂購二十片壘板紀念商品。原本除了自己收藏，也想要送給喜愛棒球的朋友。這塊壘板，有思齊的親筆簽名，還有他的手印蓋在上面。

為了凸顯他達成不凡的成就，我特別請思齊在這些壘板上，簽下「100SB」（盜壘成功）與押上「2024.6.16」這個日期，代表這個壘板具有獨特的歷史價值。

我雖然不是收藏家，但我知道，當我送親朋好友這片很有紀念價值的壘板，對方也一定會感受到我的用心，並且好好收藏。

過了一些時日，思齊的中信兄弟球團準備要在台北大巨蛋幫他舉辦引退儀式，時間就訂在二〇二四年的九月二十一與二十二兩天。比較有娛樂效果的是，九月二十一日還有樂團五月天開唱，讓思齊的引退賽新聞帶來更多話題。很多球迷幾乎都是連看兩天比賽，我則是搶到九月二十二日的內野票，專程北上，在球場見證思齊職棒生涯的最後一役。

二〇二四年十一月十日，我與淇華主任、愛瑞克三個人，接受學以致愛社團的邀請，要在台中中興大學舉辦一場收費的公益演講。講座門票所得，扣除場租與管銷費用，全數捐給逆風協會。這是個藉由服務及陪伴，抹除青少年被貼上「歹囝仔」的標籤，讓他們也能保有自我實現的一個社福單位。

說來有緣，幾年前，我受好友品辰的邀請，第一次到彰化勵志中學演講。原以為是一般的中學，後來才知道，這所學校前身是法務部矯正署彰化少年輔育院，二〇二一年改制為矯正學校，收容的是觸法的少年。他們在這學習上課，畢業那天，就是重新做人的開始。台灣共有四所矯正學校，共安置近千名的青少年。逆風協會就是深耕這群高關懷的青少年，給予多元且長期的扶助，也透過戲劇與公益行動，讓他們有機會翻轉人生。

因為疫情，逆風協會近年的捐款大幅縮減。淇華主任便提議藉由講座幫他們募款，減輕他們的負擔。

收費的公益講座，來了一百多人參加，以門票的收入，頂多募到十萬元左右。但若能藉由活動，喚起聽眾的愛心，讓大家持續捐款，才是我們想要達成的目的。

講座由我們三人輪流上場短講。下半場亦請逆風劇團三位創辦人成瑋盛、陳韋志、邱奕醇上台分享成立逆風的緣起與遇到的困境。我在台下聽到瑋盛的分享，頗能體會其心境轉折。突然想起，我的袋子有一個周思齊的簽名壘板。

通常，我都會放一個壘板在包包裡，若遇到熱愛棒球的好友，就可以直接送給他。我靈機一動，若把思齊的壘板拿出來拍賣，搞不好還可以幫逆風多募一些善款。

在這場演講的前幾天，美國職棒洛杉磯道奇隊的巨星大谷翔平，他打出的第五十支全壘打用球，竟然在拍賣市場被台灣的企業用一億四千萬元的天價買下。這個新聞轟動全球，讓我驚訝。我想要仿效拍賣市場的競標方式，試圖將思齊親簽的壘板用高價拍出。

這是我人生第一次當拍賣官，也是一時興起的傑作。心情稍微緊張，但神情非常篤定。

淇華主任說，就從三千元開始競標吧。我隨即問現場觀眾有誰要加碼？五千、八千、一萬、一萬五、兩萬、三萬，人群的喊叫聲不絕於耳，現場的氣氛被我這位不專業的拍賣官搞得很歡樂。

當我聽到「五萬」時，我的心情大振，覺得這大概就是頂標了；當又有人喊出「七萬」時，現場一陣歡呼。我更加確定，就是這個價錢了。

突然，一位朋友說出「八萬」，現場更是歡聲雷動，雀躍不已。我說出八萬一聲，八萬二聲，八萬三聲，成交啦！大家便一陣鼓掌，結束這場拍賣。

如果拍賣的是大谷翔平五十轟的球，只有一顆，誰出高價，誰就得標。但是我有思齊壘板好多片，所以，我再度靈機一動，問剛剛出價七萬的聽眾，願不願意也買一片思齊的壘板，也得到了應允。所以囉，我在會場拍出兩塊壘板，總共成交十五萬。

這是當天我為逆風協會做的一件事。對我而言，很值得紀念。我永遠不會知道，原來我買思齊的壘板，竟能有如此高的價值。大谷的球是生意，思齊的壘板是公益。生意與公益，都是好事啊。

從大前鋒到小女孩

愛是在別人的需要上，
看到自己應盡的責任。

可以繼續當國防部發言人他不要，可以擔任政府機構的高階主管他婉謝，可以轉職到民間企業當高階主管他也拒絕。他真的什麼都放下，只想要趕緊用餘生到安得烈慈善協會當執行長，為社會的弱勢家庭奉獻一己之力。

他是羅紹和將軍，我終生佩服的慈善大前鋒。

二〇一六年的夏天，羅紹和將軍毅然結束三十一年軍旅生涯，往下一個公益職涯邁進。我在電視上看到他的報導，感到欽佩動容。忖思著，若能認識他，向他學習請益，一定是一件很美好的事。

我發揮濃烈但和善的業務精神，很快的就與羅紹和執行長熟識。這些年，我也幫安得烈食物銀行募款，甚至協助發行公益桌曆。「付出不求回報，快樂就能普照」是我謹記在心的公益準則。深深覺得在行善路上，有一位典範標竿人物可以學習，真是幸福。

每年暑假，安得烈慈善協會為了培養清寒家庭的孩子達到「品格成長、實力成長、視野成長」三大目標，都會舉辦三天的「飛颺營」

活動，有高中與大學兩個梯次。營隊活動會有動態參訪，也有靜態講座。很榮幸的，我經常接到講座邀請，對學生分享「利他」的想法。

二〇二二年的暑假，我接受安排，到台北為營隊的高中生上一堂關於「人脈」課程。紹和兄知道，對我來說，「利他」是人脈的終極目的，所以希望我來與孩子聊聊這個主題。

這堂課，與其說我教導孩子人脈之道，倒不如說我教育孩子如何做人。我告訴他們，心中有愛，人生無敵；因為愛，讓自己與世界變得更美好；而學會「感恩」與「慈悲」，是我最後送給他們的結語。

結束課程後，有一位住在台中的女同學跑來找我。她興奮的對我說，她家就在NU PASTA餐廳附近，她覺得義大利麵很好吃。

聽到這位高中生這麼說，我很開心她喜歡我公司的美食，便請她把住家地址給我，我打算寄幾張餐券送給她，謝謝她的真心分享。

讓我感動的事發生了。事隔一年，我又受邀到安得烈安排的營隊上課。但這次對象不是高中生，換成了大學生。

課程結束之後，我又遇到一位女同學上前來找我。這位女同學拿著一封手寫信件要給我。當時，我愣了一下，問她為什麼要給我這封信。她說，她是去年有參加營隊的高中生，也是在課程結束後來與我聊天，說NU PASTA很好吃的那位女生。一年後，她已經考上大學，就來參加大學的營隊。

我問她，這封信可以馬上打開來看嗎？她點了點頭。

拆開信封，裡面有兩張信紙與一張照片。信封內裝著信紙，聽來合理。但竟有實體照片，就覺得有趣。網路社群發達的年代，我們幾乎只把照片存在手機或電腦裡，會把照片沖洗出來，一定是有保存價值，或存在某種意義才是。

我先閱讀這封信。白底紅框紅線的信紙格式，採用直式，由右至左書寫。我讀到第三、四行的內容，眼眶不禁溼潤起來。

信裡寫道：

尊敬的吳家德老師：

在去年的安得烈營隊，您慷慨地提供餐廳的優待券。我帶著媽媽和弟弟到NU PASTA享受美食，這成為自爸爸過世以來難得的親子時光。我們感謝您的款待……閱讀完您的書籍後，我意識到，通過幫助他人能得到更強大和溫暖的能量。我渴望像您一樣成為具積極影響力的人……我已成功考上國立大學，相信這個選擇，將為我打開新世界大門，讓我有機會學習成長，甚至回饋社會。

這封信不短，字裡行間懷著感恩。尤其以原子筆手寫，一筆一畫更顯用心。我細看照片，照片中有她與弟弟開心吃義大利麵的合照。我佩服她的體貼，這位同學要來參加營隊之前，一定知道我即將幫他們上課，所以事先把照片洗出來、寫下這封有溫度的信，想要親手交給我。我為此感動。

如果有人問我，為何那麼喜歡做公益，或透過演講形式來幫助弱勢團體？我會說，正是這些機緣讓我有機會認識更多台灣真實社會的家庭。也因為了解愈多、洞察愈深，會覺得自己還有能力幫助別人，是一件很幸福的事。

愛是在別人的需要上，看到自己應盡的責任。當你總能為別人著想，你的世界就充滿溫暖。用燦爛的笑容與人互動，用單純的心地與人為善，用助人的態度與人結緣。這是我行善多年的感想與啟發。

相遇在職場

利他帶來幸運，
付出才會快樂。

出了書之後，開始有出版社找我寫推薦序。近十年來，只要出版社問我的職銜，除了NU PASTA總經理，另一個我想要強調的身分是「職場作家」。

作家有分很多種，文學的、心理的、旅遊的、藝術的，因為我的專長在職場，算是商業類別，所以我就在作家前面加上職場兩字，讓更多讀者知道我更專精的角色。

細數自己的職涯已近三十年，從完全沒有經驗與資源的社會新鮮人，一路摸索闖關。過程中雖跌跌撞撞，但秉持正確的工作價值觀與貴人的相助，讓我的職涯有如倒吃甘蔗，愈來愈好。

也就是這般的善緣好運，讓我想要多加回饋社會，只要有企業學校，或是其他的機關團體，邀請我去談職涯相關議題，時間允許，我都盡量去講。我想要讓更多年輕人知道，職場絕不是墳場，是一個遊樂場，很好玩的。

好友呈智在人資領域擔任高階主管，他的公司在台北舉辦一場上萬人參加的數位職涯博覽會，邀來了各行各業的專家大神一起共襄盛舉，也邀請我對求職者分享一堂職涯課。

呈智安排我的演講時間在早上十點，只有短短二十分鐘。我的行事曆顯示，下午在台南還有其他活動要出席。查閱高鐵班次，確認時間來得及，就跟呈智說，為了幫助更多年輕人，行程雖匆忙，但我樂意分享。

以時間成本來說，從台南搭高鐵到台北，來回要四個小時，是演講時間的十二倍，懂得精打細算的人，應該拒絕才是。但我不會這麼想，一來是好友的邀請，二來可以對年輕人產生幫助。我願意前往，也樂此不疲。

二十分鐘內要能把重點講完，當然要事先準備。對於演講時間的掌控，我有一個大原則，就是「千萬別超時」。講者或許很想要把知道的訊息通通告訴台下的聽眾，但你永遠不會知道的是，有些人也是算好演講結束之後要去趕火車，或是去赴下一個約會，這些人在台下的心情，也是很焦急的。

結束這場二十分鐘的短講後，我搭車到台北車站，趕赴下午的活動。有趣的事情常常會在你料想不到的地方發生。我竟然偶遇十年不見的吳若權大哥，而且還同車廂、同一排，這真是太巧了！試想，如果沒有接這場演講，怎會有這個彩蛋呢？

十五年前，是我第一次與若權大哥相見歡。當年，我擔任佛光山南台別院的義工，負責開車接送講師，讓我有機會與若權大哥近距離聊天。之後，又有一次演講的機會，也是我接送。正所謂一回生、二回熟，我們的友誼因此加溫。

車廂內，是我先看到若權大哥的身影。等到同排座位的其他乘客下車，才有機會打招呼。或許太久沒有見到若權大哥本人。又只看側面的臉，很怕認錯人。但我還是鼓起勇氣，移到他的座位旁問他，您是若權大哥嗎？

「家德，你怎會在這裡？」當我問完話之後，若權大哥竟然馬上叫出我的名字，我著實嚇了一跳。心想，我們十年不見，他竟然還記得我，太不可思議了！

若權大哥說，他自己也感到訝異，他竟馬上認得我，又能叫出我的名字。他又補充，上過他節目的人成千上萬，他很難記得住，但看到我，居然能隨口叫出，可見我之於他印象深刻。

若權大哥的這趟高鐵行，是要到台南政大書城舉辦演講，這是政大書城邀請他去的講座。而他也知道現在書店經營不易，沒有買商務座，而是一般對號座，就是為了讓書店少花一些錢。他說，如果他選商務座，我們就無法見面了。

這件事讓我想到，我是因為想要幫助年輕人的職涯發展，而北上來回奔波；若權大哥則是想幫政大書城省錢，而選一般對號座。我們兩人心中如果沒有「利他思維」，又怎能相遇呢？

我的結論是：利他帶來幸運，付出才會快樂。

驚喜的生日禮物

在餐飲業工作可以很枯燥乏味，
也可以很好玩有趣，
端看你用什麼心態面對。

簡餐店晚上八點打烊，我七點五十五分才走進去要用餐。結果會是如何？有三種狀況：第一種，賣完了，下次請早；第二種，只有外帶，不能內用；第三種，好吧，進來吃，我們還在清理收拾，你慢慢吃吧。

這家小店，有三位夥伴正在為閉店做清潔。謝謝他們沒有拒絕我這位不速之客。當我獨自吃著這頓飯時，聽到一小段對話。原來其中兩位服務員正在聊天，一位是年約五十歲的中年大叔，還有一位是二十歲出頭，可能還在念大學的小妹妹。

「我下個月生日，你可以請我喝星巴克嗎？」小妹妹說。

「什麼，我不是剛請你喝過嗎？」大叔回道。

「上次是上次，這次是我生日呢！」

「哪有這回事？要喝自己買。」

「不要這樣嘛，人家生日，一年就一次。」

「不然這個月業績衝高一些，我再請你喝。」

「唉呦，不要這樣啦，請我啦……」

這是一段很俏皮的對話，卻不小心的，讓今天最後消費的客人聽見了。在餐飲業工作可以很枯燥乏味，也可以很好玩有趣，端看你用什麼心態面對。

在我眼中，同事是內部顧客，若能保持好關係，樂意互相幫忙，會打造強大的團隊精神，工作氣氛便會很融洽；消費者是外部顧客，若能做好服務，以客為尊，也很容易交到新朋友，對於人脈拓展，有很大幫助。

當我用完餐結帳時，我對這位小妹妹說，下回我來嘉義時，請你喝星巴克。小妹妹瞪大眼睛，連忙對我說，不用啦，不用啦，我們只是在開玩笑而已。讓你聽到我們的對話，真是不好意思。

我對她說，真的別客氣，謝謝你們願意讓我進來用餐，我很感恩啊！既然有緣讓我得知你的生日快到了，就當我也是你的朋友，祝福你生日快樂。

一旁的大叔笑著對小妹妹說：「還不趕快謝謝這位先生，他比我貼心多了。我不能幫你實現的生日願望，就讓他來幫你完成吧！」小妹妹對這位大叔翻了一個白眼，也逗笑了彼此。

說實話，若沒有工作行程，要到嘉義，得刻意安排一個時間。然而請小妹妹生日時喝杯飲料這件事，一直掛在我的心頭。我知道我不能拖太久，否則她的生日過了，祝福的意義就比較淡了些。

我選擇在幾天後的下班時間，先到嘉義的星巴克門市買紙本的飲料券，再到這家簡餐店找小妹妹送生日禮物。

還好是飲料券！再度到這家小店用餐當晚，小妹妹正好休假，只有大叔上班。我遂把飲料券給大叔，請他幫我轉送給小妹妹。大叔對我說，我真的太多禮了。我說，這是一點小心意，不足掛齒。

我真心喜歡這種不經意的日常，聽到了，就去做，讓我很開心。而我也相信，明天上班的小妹妹得到這份驚喜，會笑到合不攏嘴。至於她會不會對大叔翻白眼，我就不得而知了。

書賣得好的一個祕密

只要你有專業，
再搭配勤勞寫作，
你的個人品牌終究會被看見。

出書的作者那麼多，但只有一個人，我每次都會特地寫文章推薦關照，為何？你對我好，我也對你好，這就是正能量，這就是自助人助天助。如果要我用一句話形容本書作者吳家德，我會說他是一位「熱情的正能量作家」，他是作家中的業務員，業務員中的作家。

寫下這段文字的人，是歐飛先生。他是一位電腦高手，不僅擅長電腦組裝維修。也是一位自媒體經營者，從二〇一五年六月開始經營部落格至今。「歐飛先生」部落格瀏覽人數已經超過一億，連續七年都得到百大部落格認證。我想，只要他持續寫，他的部落格應該會一直得獎。

我們怎麼認識的呢？時光拉回二〇一七年三月，歐飛先生到汽車保養廠保養他的愛車。在保養廠的書櫃上，看到了我在二〇一七年一月出版的《從卡關中翻身》。

歐飛先生把閱讀後的心得，寫在他的人氣部落格。好巧不巧，被我從網路上查詢到。

要出版一本書，實屬不易；要把一本書賣得好，亦是費力。我的經驗是，除了多辦講座、常上廣播，甚至開發企業與團購的客群，讓自己的書被看見之外，我也會在網路上搜尋自己書名，看看有哪些不認識的人幫我宣傳，藉此感謝他們。

當我傳個訊息或留言給支持我的讀者，他們通常會很驚喜。這是「借力使力」的方法。一個人的力量很小，一群人的影響很大。

歐飛先生就是在這樣的機緣下被我看到的。他在部落格推薦我的書，洋洋灑灑寫了上千字。他寫：「這本書是有料的，不是理論書，適合普羅大眾看，很有可能你以前就是卡關翻不了身，每天上班都度爛到極點，但看了這本書之後，你突然就翻身了。翻身了，不是因為你突然變聰明。而是書中教你很多很實用又簡單的方法，那個方法就是一種開關。」文章的結尾，歐飛先生說，這是他第一次在汽車保養場覺得光陰似箭，算是對我這本書給予最大的肯定。

我馬上從臉書找到歐飛先生，傳訊息給他。我說：「謝謝您分享《從卡關中翻身》，我可以寄一本簽名書給您嗎？看到您的介紹，真心誠意的感謝您。」很快就得到他的回應。

但作為一位熱情的業務，我沒有只寄一本，而是連同第一本著作《成為別人心中的一個咖》都親筆簽名寄給他，讓他感覺賺到了。果不其然，他收到書，當然哇哇哇，又再度在他的部落格一起介紹這兩本書。

有趣的事情來了。當我出版了第三本書《觀念一轉彎，業績翻兩番》，歐飛先生自己花錢買來看，並也在他的部落格幫我推薦分享。他寫的文章，都有脈絡可循，又把當年我們認識的起源，與我的前兩本書再介紹一遍，讓我感激在心。

這一次，他寫道：「很多成長類的書，看來看去都差不多，簡單講就是灌讀者雞湯，但說真的，你的時間寶貴，一直喝雞湯也不是辦法，你需要的是作者本人的『實戰經驗談』。吳家德會是一個非常好的選擇，不講理論，只有實戰，而且是親身經歷的實戰，這種職場成長書才是我要的。」

這般抬舉，讓我欣喜。

又過兩年，當我出版《不是我人脈廣，只是我對人好》時，歐飛先生又是馬上購買，快速的在他的部落格寫文推薦。這一次，他寫得更加直白：「吳家德本人就跟他書中講的一樣，他就是這麼主動，這麼熱情，而我能回報些什麼？在他出書的時候立刻買一本，然後寫一篇文章推薦一下。其實他寫什麼對我來說無所謂，我只是純粹想要推薦這個人。」

你可以想像，他又把我所寫過的書通通再推薦一遍。聽到這樣的回饋，身為作者，怎能不動容？

幾次錯過送書給歐飛先生的機會。這次換我先下手為強，在第五本書《生活是一場熱情的遊戲》尚未出版，我就先發信給他，問他地址是否正確，待新書出版，馬上寄給他嘗鮮。

想當然爾，歐飛先生又在他的部落出手了。他說：「這一次作者出了第五本書《生活是一場熱情的遊戲》，有了上一次的經驗，書都還沒上市，作者就先來信了，問我地址是不是一樣，要送我一本簽名書。說真的，我可以感覺到作者的熱情，還有細心。上一次太晚問我，我書都買了。這一次就提前問，書賣得好不好無所謂，但他是真的很想跟朋友們分享這一份出書的喜悅。」

讓我來說結論吧。歐飛先生在他有上億人次瀏覽的部落格，介紹了我的每一本書。我的書因此被許許多多不同圈子的人看見，甚至有長尾效應，持續熱賣。

網路世代，自媒體當道，「寫作」是一種容易被看到，成本也低的方式。寫這篇文章的此時，我與歐飛先生甚至沒有見過面，但他是我賣書的貴人，我衷心感恩。

歐飛先生經營的部落格愈來愈好，我覺得是有原因的。他在文章中提到，現在的自媒體型態多元，但多是掛在一個大平台底下，要提高點擊率與按讚數，只能下廣告，也不見得有用。唯有部落格是獨立的網站，你有百分百的自主權，只要內容有料，不怕不被看見。

近年，有些知識型網紅深諳這個原理，紛紛多開另一個戰場：電子報。把過客變熟客，避免被平台勒索。這當中，我覺得能夠勝出最關鍵的原因還是「持續寫作」。

只要你有專業，再搭配勤勞寫作，你的個人品牌終究會被看見。歐飛先生就是我所看過最鮮明的例子。

比地瓜還甜的人情味

我只是人脈的平台，
串起大家行善的機緣罷了。

「嗨，老師您好，今日到將軍圖書館聽您演講，學了很多，往後有其他問題希望可以互相交流。加您為友，感謝您。」

這是小婷二〇一七年參加講座後，傳給我的訊息。

二〇一六年盛夏，我開始走入偏鄉圖書館演講，台南的將軍圖書館是我連續三年造訪的幸運地。或許是深耕有成，來將軍圖書館參加我講座的聽眾，一年比一年還多。很多朋友從我的臉書看到照片上的人潮，都會覺得不可思議。我笑笑的回應他們，聽眾的培養有如選舉要勝選的模式，也是要勤走基層，才能得民心。

二〇二四年，節氣小寒的早晨，我收到小婷的訊息。

「家德老師您好，半夜為了家裡的事睡不著，很突然的寫這封訊息給您，很不好意思。

「事情是這樣的，我的家在台南佳里種蕃薯，叔叔擔心他的蕃薯滯銷。因為老師人脈極廣，我在此有個想法，想跟老師商量。我想要邀請一些比較有能力的人來認購我們的蕃薯，然後將蕃薯送到正德基金會愛心廚房給弱勢食客來食用。不僅可以幫助家裡，也可以做善心，不知老師是否認同這樣的作法？

「如果老師相信我，我也希望邀請老師來參觀我們的蕃薯園。謝謝老師願意花時間看我的訊息，很冒昧的寫這封信給老師，如果有犯錯的地方請老師不要介意，謝謝您。」

這封訊息是在半夜三點傳出，可見小婷的憂心。

我一早讀完訊息，回覆小婷，若白天方便，可以通個電話，讓我了解詳情。小婷雖與我整整七年沒有互動，但我偶爾會透過臉書看到她的生活動態，不算熟絡，但也不陌生。

我們當天的中午通上了電話，小婷向我解釋這次為何需要找我幫忙的原因。我把這個緣由寫在臉書上，當成一則募款文。

年初一，就來行善吧。

總統大選之日，一結束投票，我就開車到台南佳里的一處農地，目的是見一位老農。這位老農是我朋友的叔叔，務農超過五十年。

長年來，這位老農在田裡種地瓜。因為這次上游盤商收購價格很差，我的朋友找我幫忙，用做公益的方式把這批地瓜賣掉。

這次收成的地瓜，約莫有四千斤，以每箱四十斤計算，大約有一百箱可以出貨。

目前地瓜的零售價約莫在三十元上下。老農用二十元售出取回成本。若以四千斤計算，他可得八萬元。（在兩分半的農地上，辛苦工作四、五個月只得八萬，真的好少）

我與朋友的計畫是，我要找四十五位朋友，每人兩千元，共九萬元，除了八萬元給老農外，另外一萬元作為買紙箱與郵寄成本。接著我們把地瓜送到全台有二十四個據點的正德愛心廚房，當成食材做成愛心便當，給貧困、生病、孤獨老人、街友、身心障礙者、中低收入戶、一時失業之家庭等需要者。

很快的，經過我的號召，許多朋友紛紛響應。不到一天的時間就募到九萬元。小婷得知這個好消息之後，一直對我說謝謝。說實話，該謝的人是我這一群臉友。我只是人脈的平台，串起大家行善的機緣罷了。

小婷或許受到我的影響，也與我分享她的日常。她試著在其他市集中，銷售自家農產品，藉由與人群接觸，培養慈悲心，也找到行善的成就感。

這次募款案的金額，對我而言是小，但對小婷來說是大。我更想說的是，助人沒有分大小，行善也不用分親疏。

這個案子結束之後的十個月，我收到小婷寄來一個包裹，打開一看，是一份彌月蛋糕。小婷謝謝我幫忙賣地瓜，也告訴我她近期生下一個男娃。寶寶滿月了，這份蛋糕與我分享。

我喜歡小婷的人情味，這比地瓜還要甜呢！

阿全與朋友們

台語「稀微」兩字，
有孤寂、哀傷的涵義。
但「稀微」其實有光，也有愛。

「出車禍之後，我就有一個心願，我想健康的像正常人一樣，帶媽媽出去玩。但這個夢想，終究無法實現了。」

說這句話的人，是生命鬥士李振全。阿全在二十八歲時，因為一場車禍，傷到脊椎，導致頸部以下癱瘓，只能終生躺臥在床。

認識阿全的緣分很奇妙。有一天，我的臉書收到一則訊息。這位朋友叫小均，在大學教書。他開頭稱讚我寫的書對他的教學有很大的幫助，學生也因此受惠。

接著，話鋒一轉，他告訴我說，他有一位好朋友叫阿全，是一位全身癱瘓的詞曲創作者。阿全與另一位藝術家厚銘老師，舉辦一場結合音樂與藝術的展覽，主題是「稀微」。寫信來，就是希望我去看展覽，也想要介紹阿全與厚銘讓我認識。

小均特別還附上阿全與厚銘的臉書帳號，以便讓我求證。我快速瀏覽他們三位的臉書頁面之後，馬上回覆小均說「沒問題」，我們可以來約時間。

「沒問題，可以約。」難道我沒事做嗎？當然不是。我的直覺告訴我，可以看展覽、認識人、聽故事，這是一舉三得啊！我們通了電話，聊了幾分鐘，敲定一週後的傍晚時分，在展覽會場見面。

就這樣，我在二〇二四年的春末夏初認識阿全。在那場專為我導覽的活動中，得知了阿全的人生故事。

阿全在少年時期，非常喜歡玩音樂，就讀屏東美和科技大學時，參加全國熱音比賽勇奪冠軍。另一個興趣是健身，也在閒暇之餘擔任健身教練。當人生職涯已經要出唱片，成為大明星之際，無常卻找上門，阿全發生車禍，導致全身癱瘓。

幾年的低潮，歷經生死困鬥，後來阿全想通了，即使老天給他殘缺的身體，他依然可以活出有用的人生。那他慘痛的代價，也就有了意義。

他開始重拾音樂創作，藉由嘴巴控制滑鼠來操作電腦軟體，讓他得以製作歌曲，也把創作的好歌，收錄在他的專輯裡。

阿全在車禍十年後，寫下三個省思：第一，從很沮喪到每天進步一點點；第二，接受自己現在的樣子，接受了就可以前進；第三，堅持自己所擁有的音樂天賦及創作。

自從開始重拾音樂創作，阿全的人生又開始轉趨光明。他很感恩他媽媽與家人對他的照顧，也善解人意。生活上很多事情，只要能自己處理，他就不想要麻煩別人。

他喜歡交一輩子的朋友，所以創立了「阿全與朋友們 Jeremy n Friends」這個個人品牌。把品牌名字印在T恤、帽子、袋子上，他告訴我，只要看到朋友穿戴「JNF」的衣服與帽子，他就會很開心。

多年創作下來，累積很多好歌。阿全從二〇二一年開始，每一年都在台南舉辦音樂會，透過朋友的幫忙，唱歌給大家聽。我曾在「稀微」展覽的閉幕式，聽過阿全唱歌，他的曲風滄桑柔軟，富有人生經歷低谷的無奈，但又不失對人生感到希望的期盼。

二〇二四年底，是阿全連續舉辦音樂會的第四年。這一年，恰逢他四十歲，所以音樂會的名稱就訂為「40就是如此」。

當我知道，過去這些年，他省吃儉用，靠微薄的三人組校園演講所得，支付他做專輯的開銷，就覺得不捨。所以，我告訴阿全，我想要幫他募款，協助他舉辦音樂會，以減輕他的負擔。

阿全很感謝我的相挺，他說現在的他很幸福，缺的不是物質的需求。舉辦音樂會，總有許多貴人相助，包括涴莎藝術展演中心無償提供場地與資源，「愛的小飛俠」行動關懷團隊也全力支持他的活動。阿全期盼的，就是一份生活的認同感，讓更多人喜歡他的音樂創作，這樣就很滿足了。

我把阿全的故事寫在社群上，得到極大的認同，也獲得兩百多位朋友金錢上的資助。我真心認為，阿全藉由舉辦音樂會，匯聚眾人的力量，讓他有一個舞台可以展現熱愛生命的內涵，是很有價值與意義的一件事。

生命鬥士，阿全就是。如果我沒有去看「稀微」的展覽，我就沒有機會遇見阿全；如果我沒有深入了解阿全的人生，我就沒有機會向朋友募款。這一切的「如果」，都要從「善心」出發，歷經人間的酸甜苦辣，最後修練成為「善果」。

台語「稀微」兩字，有孤寂、哀傷的涵義。但阿全傷後的人生，讓我看見「稀微」其實有光，也有愛。這等人生，讓我欽佩。

遲來的謝謝

我對曹院長親口說感恩這件事，
遲了二十多年才完成。
你總不會拖得比我久吧？

「麗蓉，你認識曹朝榮院長嗎？」

「認識啊！他是我們醫院的創始院長，當然知道啊。」

「我的意思是……你和他算熟嗎？我想要見他一面。」

「沒問題，我可以轉達他的祕書，來排時間約約看。」

「哇！真是太好了。那就麻煩你幫我安排囉。」

好友麗蓉在奇美醫院柳營院區上班，這是我與她的對話。與曹朝榮院長見面，只是想要親口向他說聲謝謝。這個「謝謝」的重量很重，我小心翼翼，也格外謹慎。因為這不僅是我的渴望，也代表母親厚重的心意。

民國八十七年左右，我的母親生病了。他的主治醫師是曹朝榮醫師。當年，我常常開車載我母親到成大醫院看病。印象深刻的是，我們是掛下午的門診，但常常都會等到晚上八、九點，才輪到我母親進入診間。我覺得很不可思議，怎會有一個醫師，願意用無盡長夜的時間幫病人診治呢？

幾次陪母親進出醫院，我深深發現，曹醫師除了是幫病人看病的醫生，他也樂當病人的知己朋友。其實他做的工作，是在醫治病人的心，用他的醫療專業，讓病人安心，才是他的目的。

歷經一年左右的治療，母親還是離開人世，但我難忘曹朝榮醫師「視病猶親」的情懷，也真心感謝他為我母親所做的一切。

物換星移，時光荏苒，後來我從媒體得知，曹朝榮醫師從成大醫院離開，轉職擔任柳營奇美醫院的第一任院長。這是一件值得恭喜的事，因為柳營算是台南的偏鄉，能有大型醫院進駐，就能嘉惠患者，不用大老遠來市區看診。

二〇一八年的秋天，因為出書緣故，我接到柳營奇美醫院牙醫部的邀請，來到柳營院區演講。當時，我腦海閃過一個念頭，不知道有沒有機會去找曹朝榮院長，向他說聲「感謝」？

但這個一閃而過的念頭，終究是一閃而過。我完全沒有行動，也就無疾而終。

老天是厚愛我的，竟然再給我一次機會。二〇二四年的秋天，我接到柳營奇美醫院的老朋友麗蓉來訊，問我可否擔任他們內部教育訓練的一場講師？我回答，當然樂意啊。

兩個月之後，我如期到柳營奇美醫院幫護理同仁上課，順利完成這場講座。這時，我腦海裡閃過一個念頭，我又已經來到柳營奇美醫院，有沒有可能透過麗蓉協助，讓我可以拜會曹朝榮院長。就這樣，我的一念之間，讓我美夢成真。我真的與曹朝榮院長見面啦！

那一天要與曹院長的約會，我特別早出發，深怕路上塞車，耽擱與院長的會面時間。心情很愉悅，但情緒很忐忑，因為我知道，我不單只是向院長說聲謝謝而已，我還代表母親，傳遞感恩的心意。

我帶著我的書，簽上名給院長，親口對他說感恩。曹院長竟也回送我一本他的著作，讓我欣喜萬分。一個小時的會面時光，我問院長好幾個問題，包括當年會想要當醫師的起心動念是什麼？以及到日本留學，拿到醫學博士的心路歷程又是如何？院長都樂意回答，讓我收穫滿滿。

院長是一位把病人當家人看待的良醫。他說道：「選擇醫師這個行業，是我的第一志向。要以『擁抱初心、撫慰生命』作為我的使命。」這是那天聽院長談話，讓我記憶最深刻的事情。

你心中有想要說聲感恩，到現在卻遲遲沒有行動的對象嗎？我對曹院長親口說感恩這件事，遲了二十多年才完成。你總不會拖得比我久吧？

快去做這件事，保證你豁然開朗，永生難忘。

PART 4

人生的終極目的

走過一些的生命旅途，
我們更想看見自己如何在這趟旅程中影響了他人、創造了價值。
「利他」就是一種讓生命更豐盛的選擇。
當我們開始為世界帶來善的影響時，便真正活出了人生的意義。

什麼是服務魂？

✳ 若不能虧待「服務」二字，
「真誠」與「用心」就是箇中心法。

「熱情服務，人生體悟」是我從事服務業數十年來的感觸。每個人都希望得到好服務，但服務人員的品質參差不齊，很難盡如人意。值得我們思考的是，為何看似簡單、平凡的服務，卻有諸多深厚的學問要去探討與剖析？也因此，關於如何做好服務，永遠是現代不退燒的課題。

服務若能符合預期，銀貨兩訖，相安無事；若不符預期，花錢消災，抱怨連連；若超乎預期？五星好評，廣宣周知。我們日常的消費行為，大抵就是這三種。一般而言，符合預期的服務占八成，超好與超爛的服務可能各占一成。

我想要聊一個有「服務魂」的好故事。

時空拉回二〇二四年的秋天。我與住在台南的好朋友，成大土木系教授洪瀞、剪紙藝術家楊士毅，一起接受門諾醫院的邀請，要到花蓮舉辦一場講座。專案負責人竟堯與青峰問我前往花蓮的交通方式，我說我會從台南搭高鐵到台北，然後再搭台鐵到花蓮。

兩位負責人怕我假日會買不到台鐵車票，很熱心的幫我搶票，再把車票寄給我。當我收到時，發現是商務車廂的座位，這般用心，讓我感動。台鐵近年為了提升服務品質，也設立商務艙等，目的就是讓旅客享有專人服務的禮遇。

走進車廂內，迎面而來的，是一位面帶微笑向乘客打招呼的男性服務員。雖然他戴著口罩，卻用眼睛取代嘴巴微笑，這是很容易讓人看出來的。

商務車廂與一般車廂最大的差別，是有飲料與點心可以吃。當火車往宜蘭行駛時，這位男性服務員出來發放餐點。我的座位是倒數第二排，我便開始欣賞他帥氣的好服務。

輪到服務我時，我對他說：「哇！您的服務真好，每一位乘客都細心的問要吃喝什麼，會不會累啊？」他馬上說：「不會啊！這是我的工作，應該的。」

當他說出這句話時，我明顯感受到他真心誠意喜歡他的工作。這便是一種「服務魂」。

什麼是服務魂呢？我認為有三個重點：

第一，形象與服儀。雖然他穿的是公司制服，但襯衫熨燙平整，頭髮梳理有型，看起來非常乾淨俐落，整體形象非常討喜。

第二，口氣與溝通。他在服務過程，從第一排到最後一排，講話宏亮有專業，對話得宜有自信，表現出來都是熱情有勁，讓人驚豔。

第三，貼心與細心。他的服務非常客製化。我聽到一位女乘客原本要點拿鐵，他貼心的回應乘客說，拿鐵比較甜喔。這位女乘客馬上說她要礦泉水。好服務與一般服務最大的差別就在用心。

等他把整車的餐點服務完之後，我便走過去找他聊天。這是我展現熱情的關鍵，我喜歡在看到好服務之後，大方讚美對方；若機緣成熟，也想要和他當朋友。

我再次向這位先生致意，對他自我介紹，也送給他我以Podcast節目為名，客製的「你好！我是吳家德」咖啡掛耳包。他也很大方的告訴我他的背景。原來他曾經做過五年的空服員，後來也在餐飲業工作數年，之後才到台鐵任職。

我清楚他還在上班，不能打擾太久。大約聊了三分鐘，我便對他說，因為有緣相見，若不介意，我們加個臉書吧。到了晚上，果然也看到他與我成為臉書朋友，並傳了一個訊息給我。他說，謝謝我的稱讚，很榮幸可以為我服務，也希望下次還有機會提供好服務。

熱情是我的本質，共好是我的本心。我想，若不能虧待「服務」二字，「真誠」與「用心」就是箇中心法。

正能量是一種技能

我們雖然不能決定出生的背景，
但可以靠自己的努力，彩繪美麗的風景。

若時間允許，每天用LINE打幾通電話給久未聯繫的朋友，是我的家常便飯。

我喜歡沒有目的的小聊幾分鐘，問候近況，給予祝福。這些老朋友，若接到我的電話，也都會很開心。

「友誼相伴，伴隨幸福」是我對人際關係的核心價值。雖說真正的好朋友不用多，但能夠多幾個，也很好啊。人脈是數量，人緣是質量，人脈要轉成人緣，也要有大數據法則，經由互動交往，留下和你情投意合的，遠離那些道不同，不相為謀的。

地球有八十多億人口，台灣有兩千多萬人，一年當中，會和你聯繫見面、持續往來的又有幾人呢？我覺得真的不多啊。你可以試試，找出你的高中同學或大學同學，截至目前為止，一年當中還有與你通電話或見面的人共幾位？能有五位左右就很難得，超過十位證明你是一位很珍惜友誼的人。

「平時結善緣，銷售有機緣；平時無聲息，銷售徒嘆息。」這是我對業務人員演講的場合，時常會說的一段話。同樣的，這個概念也適用於人際關係上。在家靠父母，外出靠朋友。真的不要等到需要幫忙的時候才倉促請人幫忙，這好比平時不讀書，考試前才臨時抱佛腳一樣。

有一回，我打給一位認識二十多年的老同事，她已經退休，過著自己安排的幸福時光。聊著聊著，她突然告訴我說，我的正能量是一種「技能」，可以幫助很多人。當下，我覺得這個論點很有說服力，也超級認同。

正能量需要時間淬鍊，也需要自我覺察。當身、口、意趨於一致性，正能量的功效最大。意思就是，不能嘴巴說正向之語，但內心充滿負向之憂。

正能量的培養與累積，主因來自兩個信念。一個是「慈悲」，另一個是「善良」。慈悲練就心胸開闊，懂得與人為善；善良具備愛與關懷，學會包容同理。兩者兼備，正能量一定強。

近年，心理學成為顯學，代表人與人之間有更多的摩擦與衝突，如何同理與善解，便是溝通的重點。同理讓距離拉近；善解讓紛爭消彌。這是學習快樂的功課，也是練習幸福的學分。

人生當然不是完美。在不完美中安身立命，找到合宜適切的生活之道。每一個起心動念、每一個行為、每一句話，都要朝正向邁進，讓自己變得更好。

當覺察自己狀態不佳，或升起不好的念頭，可以與自我對話，穩定自己的心性。靜坐、冥想、深呼吸，也都能找回安穩的心情，甚至能讓自己轉念。

每當聽眾在演講結束之後，很常會問我：「家德老師，你為什麼有這麼濃烈的熱情，持續做利他的事？」我的回答是：「我已經很好了，所以我要多付出。」

我的好就是「知足常樂」。明白「施比受更有福」的道理。走過繁華的紅塵俗世，歷經生活的悲歡離合，人會有自己的價值觀。我們雖然不能決定出生的背景，但可以靠自己的努力，彩繪美麗的風景。

以「利他」為生活重心，讓生活豐富精彩，也讓日子過得安穩充實。我喜歡現在的自己，有些生命的歷練，有些人文的情懷，有些生活的豁達。「擁有正能量，人生會發亮」是我充分感受到的道理。

幸福的功課

能祝福別人的人，
最幸福。

近十年，到年底的最後一天，我都會在臉書上發一則回顧文。分享當年度我最值得紀念的十件事。我覺得這是一種儀式感，也是對自己人生負責的態度。

讓你看看，經歷二〇二四年，我寫下的十件事：

第一，公司營運績效再創新高峰。

第二，書寫第六本書明年會出版。

第三，幫靈鷲山師父上管理課程。

第四，擔任元智開學典禮的講師。

第五，完成十三場獨立書店演講。

第六，五個公益募款超過兩百萬。

第七，每個月都有跑步五十公里。

第八，擔任兩年社區主委卸任啦。

第九，每天書寫光陰地圖不中斷。

第十，宣誓我的餘生就是幫助人。

每個人對這十點的關注程度，應該都不一樣。年紀不同，作為不同；角色不同，聚焦不同；心境不同，看法不同。現在半百的我，平衡人生，過好餘生，便是知足。

有趣的是，我寫的這幾點，都成了本書中的篇章。接下來，我想說的是為靈鷲山師父上了一堂管理課程的故事，這是一趟對我而言很雀躍的奇幻旅程。

✳

我從高中時期，開始接觸佛教，純粹是家庭因素而信仰，當時覺得宇宙有一股很龐大的力量，人很渺小，神很偉大。敬畏之心，逐漸養成。上了大學，雖然讀的是商學院，但我在通識課程，選了幾門宗教課，讓我對佛教有基礎的認知。甚至，我也加入佛學社團，除了讀經典，更多的時間是在當志工，學習如何付出。

出了社會，開始為自己的職涯打拚時，若遇到忐忑與挫折，到佛寺或道場找法師聊天，是我紓壓的其中一種方式。人有煩惱痛苦，也有七情六欲，師父會選擇用「出家」的方式自我修行，我是非常佩服讚嘆的。因為多數人俗事纏身，情感糾葛紛擾，要能放下塵緣，也必須費一番工夫。

認識靈鷲山，起因於靈鷲山的行銷主管秀鈺。秀鈺因為聽過我的演講，便安排我到靈鷲山對青年學子演講。因為有演講的連結，再加上自己也喜歡廣結善緣，與靈鷲山法師接觸的機會，就愈來愈多、愈來愈熟。我的演講以「說故事」為主，輔以「觀念」的釐清，與「態度」的展現，很容易打動人心，引起共鳴。

很快的，我的演說能力就得到法師的認可，便又邀請我好幾場對全台各縣市的靈鷲山幹部演講，讓我有機會接觸更多的善知識與護法信徒。對於這群為人間傳遞慈悲善良的佛弟子，我火力全開，也熱力四射。

有一回的講座，我講了一個我從書上看到的故事。

一位父親，帶著讀小學一年級的女兒去佛寺禮佛。小女孩好奇的問爸爸說，菩薩是誰啊？「就是助人的神。」這位父親簡單回答。接著爸爸與女兒都雙手合十，向佛菩薩祈求。

走出寺外，爸爸問女兒，剛剛向菩薩祈求什麼願望呢？

講到這，我請台下的聽眾猜猜看。有人說「考試考一百分」，有人說「保佑全家身體健康」，還有人說「可以常常出去玩」。我說，大家的答案都很合理，但不是我從書上看到的。接著便與大家分享，當我得知小女孩的回答時，有多麼震驚，全身起了雞皮疙瘩。

大家不死心，還是一猜再猜，氣氛更熱絡了。最後，我講出跌破大家眼鏡的答案。這位小女孩說的是：「祈求菩薩的身體可以健健康康，這樣菩薩就可以幫助更多人。」

當我說出這個答案時，大家靜默三秒，但臉上都露出欽佩小女孩智慧的表情。

說實話，小女孩的祈求，在大人的世界裡很難存在。因為大人的思想，「我執」很深。但無論如何，這個故事給我很大的衝擊，我也為這個故事下一個註解：能祝福別人的人，最幸福。

隨著年紀漸長，很多人會失去熱情與溫暖，只想要過好自己的人生，不太願意花時間去幫助別人。所以，社會逐漸冷漠，人心不再熱絡，也讓世界少了光彩。

我對於能在宗教團體為聽眾演講，有一份使命感，也很熱衷。甚至逐漸發現，有信仰的人，本身較具利他的心胸，與互祝的情懷，和他們一起共學交流，很有成就感。更有機會用生命影響生命，建立真善美的人生。

⁂

也因為與靈鷲山的接觸愈來愈頻繁，二〇二四年的春天，我接到恆傳法師的邀請，為靈鷲山的法師分享一堂管理課。他請我設計兩天一夜，共十二小時的培訓課程。

能被法師認可信任，擔綱管理課程的講師，我感到至高的榮耀。我認真準備，也思考法師在管理議題上，可能會遇到的狀況與問題，做出符合實況的教案。最後以「溝通、規劃、績效、領導、創新」五大議題來切入管理的核心。

為了這兩天的課程，我不斷思考，該如何從企業經營與公司治理的角度，切入非營利的管理模式，同時兼具科學效率與美學情懷的內涵？最終，我以「如何讓靈鷲山成為宗教界的台積電」為題，來開啟課程。我請法師和我換位思考，時而是職場上班族的角色，時而用公司負責人的視角，有時又必須以志工身分看待，一起來討論「組織定位」與「永續經營」的議題。

我以自己在公司擔任主管多年的管理經驗，也以自己在非營利組織擔任志工多年的身分，道盡這一堂課的精髓。用大白話剖析管理學的專有名詞，讓法師快速吸收觀念，也善用各項管理工具，讓理論與實務可以兼具。

結束第一天的課程，我夜宿靈鷲山的無生道場，身體雖疲憊，心靈卻很豐盛。我猜這和道場的磁場有很大有關聯。試想，當人們被外在事物搞得心煩意亂，走入佛寺、廟宇或教堂虔誠禱告，是不是心情就會比較穩定呢？

隔天，我起個大早，在園區內走走，這裡的自然生態原始，植物生長茂盛，讓人格外放鬆。我看著海，覺察自己的呼吸，心胸感到開闊無比；我依著山，走路穩健踏實，內心感到安穩平靜。當下覺得，這是人間天堂的照映，也是美好的時光。

幫法師上課，很有成就感。他們專注認真，又樂於提問，這種求知欲很強的互動交流，充滿學習樂趣與成長動能。讓身為講師的我，成就感加倍，充滿愉快的回憶。

「利他」是修行的一環，藉由助人的修練，改善自己的貪嗔痴，也圓滿自己的人生。「生活」也是修行的考驗，起心動念、行為想法，都在塑造你是個怎樣的人。「利他生活」是美好人生的代名詞。樂於付出的人，生活必然開朗。

「活著」就是一部電影。至於精不精彩，就看每個人是否盡情演出。長度我們或許無法控制，寬度我們可以自行後製。或許，你也可以給自己設定一個「付出」的功課。功課不拘大小，時間不論長短，認真去實踐，會有很幸福的感受喔！

縮小自己，放大別人

真正讓生命充實的，
並不是打敗了誰，而是幫助了誰。

年輕時，你會猛踩油門。
年長時，你會懂得剎車。
年老時，你會看後視鏡。
生命啊，就是一段旅程。
年少時，不知天高地厚，放大自己。
年長時，稍懂人情世故，收斂自己。
年老時，清楚滄海一粟，沒有自己。

這些話，是我這幾年的體悟。

✳

你有「用心生活」嗎？我也常問自己這個問題。生活要能用心，就不簡單。用心代表活在當下，是一種覺察力，是身心靈的平衡感。

我還不老，但已年長。除了熱情不減外，對人生的看法會比較淡然。會有這種心態，與我目前所處的狀況有關。半百的我，在職場拚搏近三十年，雖沒有大富大貴，卻也怡然自得、生活無虞。這必須感謝年輕的我，非常認真，也很努力，更重要的是，懂得做人的道理。

之前問一個職場老前輩一個問題。他是我剛認識的新朋友，大我十歲左右。在退休前是專業經理人，擔任許多跨國大公司的ＣＥＯ，戰功彪炳，頗有名氣。我問他，如何能夠快速升遷，且屹立不搖？

他的回答很簡單，就是懂得做人。他說，做事是基本，但關於做人，很多人都敗下陣來。

對於做人，我的解讀是，不需要贏者全拿，也留些給別人。或者是，把自己顧好，也樂於助人。

「既然我是宇宙的過客，就記得與眾生打招呼。」這是我一直提醒自己的心裡話。江湖走跳，難免結怨，記得放下，便是解脫。放下是一種修練過程，要一步到位並非容易的事。學會「破我執」，是放下的心法；欲破我執，「縮小自己」是關鍵。

這位已退休四年餘的老總對我說「懂得做人」這四個字時，我腦海馬上浮現國泰金控李長庚總經理的身影。

十年前，我還在銀行工作時，透過朋友介紹才認識李總。李總溫文儒雅、待人和善，是我非常景仰的大人物。多年前，當我寫完《觀念一轉彎，業績翻兩番》這本告別金融業的著作時，斗膽邀請李總幫我的新書寫推薦序，他竟然答應了，並且還抽出時間把我的書看完，寫出一篇讓我非常感動的推薦序。我感恩到現在。

李總是一位謙遜利他且對人好的銀行家。他生活單純，在職場上戮力工作，把老闆交辦的事做到最好。有任何好處，則全部給他的部屬，這般的格局與高度，讓他受到主管器重，也得到同仁的愛戴。

李總說過，領導的真正價值是「將心比心」。如果要我說，「不與人爭，笑看人生」便是他職場不敗的心法。總而言之，李長庚總經理是我心中「縮小自己，放大別人」的最佳人選。

如今回首，我才真正理解到，真正讓生命充實的，並不是打敗了誰，而是幫助了誰。比起爭奪，那些當時的「放手」、對人的善意與成全，才是會被人記憶的事。

生命是一段旅程，多用愛，少抱怨；多助人，不害人。秉持這種簡單的信念，我想，也是一種豐盛吧！

讓命一直好下去

有缺點不是壞事，
換個角度想，反而可以藉由缺點的暴露，
看見自己的本性。

離台中火車站很近的中央書局，是我近幾年舉辦演講的好場地。我喜歡從台南搭高鐵到台中，再轉搭火車到台中站，接著慢慢散步走到中央書局。從火車站到中央書局這段一公里多的路程，算是台中的舊城區，穿過大街，走過小巷，頗有生活的餘裕。

有一回，結束演講後，我便又慢慢的從書局往火車站的方向走。穿梭巷弄，看看老建築。走著走著，突然看到一棟三角窗的透天厝，整片牆壁任由藤蔓生長，顯得綠意盎然。窗邊插了三根旗幟，分別寫著「命一直好」、「運一直旺」、「人一直美」。

這般景象，彷彿要讓路人駐足停留。我看到許多女生與「人一直美」合影，拿著樂透彩的人則與「運一直旺」自拍。我也找了一個適當的位置，與「命一直好」拍照留念。總而言之，大家各取所需，開心就好。

過幾天，我在臉書上分享這張照片。寫的內容雖然不是聊如何讓命一直好，但住在嘉義的朋友佩玲竟問我，可不可以來嘉義的安慧學苑分享，演講主題就是「讓命一直好下去」。

安慧學苑是一個佛教團體。二〇一五年，我還在嘉義的遠東銀行上班時，就常常經過文化路上的安慧學苑，只是一直都沒機會走進去禮佛。有趣的是，因為一張照片，讓我得到一場演講，也一償走入安慧學苑的宿願。

如何讓命一直好下去？當我接受這場演講邀約之後，便常常思考這個議題。人生在世，求什麼？有些人要的不多，有些人想要很多，不管多或少，可以確定「平安健康」應該是每個人的必選項目。但世人終究要走過千山萬水，才知道平安健康是多麼的得來不易。

想著想著，我就想出了「把命安好」的四個作法，分別是「行善」、「立功」、「積德」與「種福田」。我定調這四大主軸，是讓命好下去的關鍵，也寫下我的具體行動：

第一，行助人之善，讓利他成為一種習慣。

第二，立蒼生之功，讓奉獻成為一種行動。

第三，積人間之德，讓慈悲成為一種心法。

第四，種感恩福田，讓布施成為一種能量。

執行這四種作法時，我也有一個校準的依歸，分別是「保持健康」、「親善人際」、「永遠正向」。健康是根，才能做任何事；與人為善，才能與人同贏；心態正向，才能逢凶化吉。

半百過後，我還是會想著，我在追求什麼人生？我想要過什麼生活？仔細思考後，也滿意於現況：物質無缺、精神豐沛、熱情滿滿、人緣不差、行善持續、利他不斷、學習精進……這應該算是接近圓滿的狀態。

有一位朋友問我，什麼才是成功？我說，成功一定要先有目標或目的，經由努力之後，最終達成設定的結果就是成功。成功不見得要得到財富與名聲，只要對自己負責、能夠一點一滴做到自己期待的成果，哪怕別人都不知道你正在做什麼，都沒有關係的。

我何其有幸，能夠擁有如此多的青睞與認同，比如職場上的功成名就，或如寫書出書的被人看見，又如公益募款的達標。或許，我總是踏實前行，心中多些對別人的關懷，少點自己的私利罷了。

每個人都有缺點，有缺點不是壞事，換個角度想，反而可以藉由缺點的暴露，看見自己的本性。有慢性的拖延病，就學會勤勞，積極行事；有太多貪婪之心，就警惕自己，知足常樂；若會忌妒、仇視他人，不妨多修練慈悲心。

活著真好。生活總有酸甜苦辣，也有老天要我們做的功課。只要心悅誠服接納，也樂意轉念，就能將不美好的劇本，改編成美麗且讓人拍手叫好的人生大戲。

這般人生，當然命好。

利他哲學

用真誠的心，去認識朋友。
用善良的情，去交流互動。
用慈悲的愛，去關懷眾生。

二〇二四年的秋天，已經忘記是在哪一場的演講當中，我竟對台下聽眾脫口而出：「吳家德往後的人生，就是以『利他』為重心，如果我沒有持續做利他的事，請老天爺將我從地球帶走。」

說這一段話，並不是表示我很崇高偉大，也不代表我已經做得很好。我只是提醒自己，半百之後的人生，在「身體健康」、「職業發展」、「人際關係」、「財富收入」尚無太大負擔狀況下，多做利他之事，讓生命更加精彩燦爛。

一般而言，人生在世，有五大需求。我們靠運動養生，維持身體健康；以一技之長站上職場，為社會貢獻；隨著年歲增長，或許對於人際有了更多的同理，也更懂得溝通、化解衝突；勤勞的付出之後，獲得金錢、生活溫飽；除此之外，還有一種需求是「休閒育樂」，我想，這應該算是最能讓人感到幸福的途徑。

對於「休閒育樂」，多數人的想法，不外乎是從事一些讓自己沒有壓力的事。比如運動、旅行、靜坐、聊天，吃大餐、學才藝等。

我在四十歲的時候，認識一位六十歲擔任中階主管的公務員。他是我當年還在銀行上班的理財客戶。這位大哥告訴我，每週工作五天之後，他最期待的就是週末可以到球場與一群球友打球，打完球後，大家再一起聚餐吃飯。這是他人生最美好的時刻。

當年，我聽到他說的這段話，不太能理解為何這是他最美妙的時光，但也沒有反駁。畢竟每個人的感受，沒有對錯之分。現在回想起來，我覺得是「心境」不同了。

我在四十而立之際，事業心很濃，只想打拚賺錢，滿腦子都是績效與獲利，怎會理解活到一甲子的大哥的內心世界？但現在的我，五十餘歲，全然了解這種愉悅的感受有多麼重要。

再說另一個故事：有一位老同事，目前還在銀行上班，負責理財業務，是一位頂尖的業務高手。我們前一陣子聚餐的時候，他對我說了一些內心想法，讓我深刻了解他的「心境」。

他說，他從事高壓的理財工作已經十多年了，距離法定退休年紀還有十年，他不知道自己能不能撐到那時候。雖然頭銜好聽，收入也高，外表光鮮亮麗，但內心總會擔憂，害怕客戶資產縮水，每天需要盯盤看績效，讓他睡不好覺。

所以，只要一放假，他總是往山上跑，帶著全家露營。兩天的假期，可以讓他短暫放鬆，找回清淨的自己。但到週日晚間，他又不自覺的焦慮起來。想到要完成高額業績、解決客戶各式各樣的難題，他就感到惶恐不安，心中想要逃跑，希望趕緊退休。但他也知道，孩子還在念中學，他必須再撐十年，才能卸下人生重擔。

在這場聚會中，我聽著他述說苦衷與哀愁，感受著他的壓力。或許，他知道我是一個願意傾聽，也懂得銀行工作生態的朋友。雖然只是聽他吐苦水、倒垃圾，明白他壓根兒不會離職，但我的陪伴與閒聊，對他仍有正向意義。

我要表達的是，不論工作壓力是大是小，人都喜歡放鬆，停下腳步，找到適切的「休閒育樂」來平衡生活。

目前，我的生活重心除了工作以外，就是想要多做利他的事情。雖然我的身分仍是專業經理人，還需要為公司的績效付出心力。但我知道，現在的我，想要花更多時間與精力幫助別人。而這就是我的休閒育樂。

關於利他的課題，我的看法很單純，就是多行善、多付出，這絕對是人生最美好的事物。人是群居的動物，本來就是要互相幫忙，才能共創和諧的社會。但因為人性都有自私的一面，在自顧不暇的狀態下，還要去做幫助別人的事，就顯得為難。

我真正開始體會利他帶來的快樂，是在二十六歲，擔任成大醫院安寧病房志工的那一年。

當時，我每週二與四的晚上，必須要到醫院值班，負責病房的看護事務。許多病人與家屬，因為我無償的協助，都很感謝我。我從他們的言語和表情，看到人性的光輝，讓我感到被重視與肯定。

擔任志工的同一時間，我正在銀行上班，負責放款業務。雖然一週有兩天的晚上必須到醫院值班，無法增加拜訪客戶的機會，但也是在那一年，許多客戶認同我的專業與服務，讓我的業績持續長紅，最終得到當年度的全國冠軍。

對於花時間在病人身上，減少我做業績的機會，卻讓我拿到第一名的成績。我的看法是，當你真心誠意的做利他之事，老天也會在你的生活與工作上，助你一臂之力。我因此認為，我是利他的受惠者。

「人脈的終極目的是利他」是這些年我一直推廣的價值觀。老話一句，人不可能樣樣自己來，都不需要別人幫忙。所以，平時多結善緣、與人為善，等到需要別人幫忙之際，才不會叫天天不應，叫地地不靈。基於「人脈利他」原則，讓我有機會幫助更多人，也讓我得到更大的幸福感。

最後，如何你問我，如何在生活中持續利他，也樂此不疲？我會提出三個作法，分別是：

用真誠的心，去認識朋友。

用善良的情，去交流互動。

用慈悲的愛，去關懷眾生。

這是我的利他哲學，與你共勉。

跨界名人感動分享

無憂花學堂推廣「觀功念恩」，走入社會與公部門。固定講師群約五到六位，阿德就是其中的一位。在營隊當中，他分享「熱情驅動世界」，博得滿堂彩之餘，學員也熱情了起來，我就是其中一位。

有一回，他提問，經營人脈的目的是什麼？學員的回答都與利己有關，獨獨阿德的答案是「經營人脈的終極目的是利他」。當時，我腦子裡鐘聲大響。這樣熱情的傢伙，如此「助人為快樂之本」的真實人物，特此推薦這個人，這本書。

——**江宏志**／「無憂花學堂」創辦人

家德哥不是在幫助別人，就是在前往幫助別人的路上。

我被他那毫無保留的「利他精神」深深吸引。當我深陷挫折時，他溫暖的伸出援手，讓我體會到——真正的人脈，是施比受更有福。

他常說：「主動積極，人生大吉。」利他帶來奇蹟與幸運，懂得付出才是真正的快樂。這些話，他不是說說而已，而是真的用生命去實踐，也讓我找到了通往幸福的途徑。原來，改變，從來不是等待時機，而是主動創造機會。

他總是微笑待人，熱愛生活，勇於挑戰。無論面對日理萬機的工作，或是與人相處，他始終保持樂觀積極的心態。他還說：「懂得做人很重要！對人感興趣，生活才會有趣。」這不是一句口號，而是吳家德的Style。他不僅能輕鬆化解矛盾，更贏得了他人真正的尊重與信任。

如果曾經和我一樣，對未來感到迷茫，對人生充滿疑問，那麼，請打開這本書吧。家德哥不會給你標準答案，但他會以溫暖的微笑對你說：「來，我告訴你，希望這能幫到你……」然後，在你感動得熱淚盈眶的剎那，便會明白——人生，該往哪裡走了。

——**宋怡慧**／丹鳳高中圖書館主任、作家

家德說：「心定事圓。」這也是我的處世態度。心能靜定，通常可以讓自己與自己的關係更加和諧，接下來應對世事與關係的無常，方能生出智慧與慈悲。

家德在這本書談「利他」，則是我對「合作」概念的重要延伸。不管是要成就自己或他人，以合作而非犧牲或剝削的態度來面對，可以走得比較長遠。

成為自己喜歡的人，敢於做夢，積極實踐，能激發熱情應對困境，這是與自己合作；在人我關係中走向共好，這是與他人合作。

很期待這本書，能與讀者分享討論！

——**洪仲清**／臨床心理師

多數情況下，我們常會讓別人的批判來決定自己的行為與價值，覺得只有被他人認可才算重要。但其實，真正的價值應該來自於自己——這不僅是展現自信的基礎，也是個人成長和突破的關鍵。畢竟，不做決定，就等於讓別人決定你的一切。

在學校或工作場所，我經常會看到許多年輕人和剛進入職場的新人，因為別人的不支持、否定而開始動搖，甚至開始懷疑起自己的價值和行事原則。更讓人遺憾的是，很多人對「主動」和「熱情」的理解不夠正確，選擇被動等待，忽略了機會其實應該要靠自己創造。

這本書的目的，就是幫助你解開這些疑惑。

它將帶你重新思考這些問題，幫助你重新認識自己的價值，並學會如何實現真正的成長，為自己創造機會。當你真正相信自己時，世界會為你開路，而機會，永遠屬於那些準備好的人。

這本書，非常有趣且易讀，推薦給你。

——**洪瀞**／成功大學教授、《先降噪，再聚焦》作者細品此書，看到家德老師在自己二〇二四年的年度十大目標，最後一項是「宣誓我的餘生就是幫助人」。

我的直覺，這不是誓言。在我心目中這位「全台灣最熱情的男人」，他的生命本身就是「利他」兩個字的代言。

不管是籌募善款、獻身公益，又或是透過文章、Podcast傳遞正能量、善知識，以及不吝為身旁好友、弱勢團體站台，甚至是和陌生人聊天，都可以讓他人感受到溫暖言語與真心關懷。

在書裡，您可以看到點點滴滴，家德老師自然流露的生活哲學。就像他說「修行」，就是「修理自己的不行」，在幽默的文字裡，我看見他把別人放在前，把自己放在後的虛懷若谷與謙沖自勉。

誠摯邀請您，收納品味這本好書。跟著家德老師一起與人為善、走進幸福。

——**郝旭烈**／郝聲音Podcast主持人

江湖上傳說家德哥是極度熱情、樂於助人的人，我想「做生意不就要這樣」，然後繼續躲回我內向者穴居的殼裡。

直到某次大型演講，第一次見到他，正確來說，是見到站滿舞台的人群感謝他。我被布道大會般陣仗嚇傻的同時，也被他的真心和為人著想的心嚇到。面對哭著謝謝他的人，他事後告訴我的竟然是：「其實我比較怕他回想起那段艱難的時間，怕他又難過了。」他從頭到尾都是真心想幫忙，連感謝都不重要！

這樣的人，所做的每件事，都讓人難以想像。這本書對我來說像是亞馬遜叢林冒險記，或火星遊記一樣，因為裡面每件事我這輩子都做不到。在大學畢業典禮演講、在高鐵上介紹自己的Podcast、在計程車上與陌生人聊天……如果不是透過家德哥的行動和文字，總是遠離人群的我，一輩子都不會看到這些風景。現在我也像在亞馬遜叢林喝過下午茶，或是在火星欣賞過宇宙的美好一樣，謝謝家德哥。

——**張瀞仁**／《安靜是種超能力》作者

人際互動是我的弱項，恰好是家德哥的強項。我默默向他學習，已經三年多。透過他的著作，來熟悉他的思維、他與人互動的行為，我發覺自己進步了許多。

他每一次開口前，內心是怎麼想的？第一句話會怎麼說？如何接話、問話、回話？在他的每一本著作中，都有滿滿的故事與啟發。此書是他在利他共好、自我內心修練的集大成之作。若你也想要提升自己人際關係、提升心性，就從此書開始。

——**愛瑞克**／TMBA共同創辦人、《內在原力》系列作者

我第一次出書時，家德哥說：「士毅，你的新書分享會，我幫你主持。當天我會當一個好配角，讓你成為最佳男主角。」

分享會當天，家德哥忙進忙出，招呼全場，為我精彩開場，然後就退到旁邊，看我在台上發光。眼見聽眾幸福歡喜，而他在一旁滿足

微笑。那個當下，他不是集團總經理，不是暢銷作家。在他心中，誰是主角、誰是配角不重要，重要的是將美好的力量傳遞給社會。

家德哥，一個有能力當主角的人，卻總是願意為了身邊的人隨時當配角。當時他所為我做的一切，讓我充滿感動與感謝，至今依然在我心中難以忘懷。從家德哥身上看見，人與人之間很奇妙，有時你退得愈旁邊，卻愈走進別人的心裡面。

——**楊士毅**／剪紙藝術家

從小到大，我們總被教導要競爭，老師說：「不要輸給別人！」社會告訴我們：「你要比別人更強！」於是，我們習慣了比較，甚至無形中把別人當成對手。但這樣，真的讓我們變得更好嗎？

直到我接觸「共好」，才發現成功不是靠打敗別人，而是透過互相幫助，一起變得更好！

吳家德老師就是最好的示範。他不只提倡共好，更用行動把不同領域的人連結起來，讓合作的價值遠遠超越競爭。他讓我明白：「世界不是零和遊戲，而是我們一起成長、一起創造更好的未來。」

每一次我閱讀到好書，都有一種不能只有我看到的感覺，於是我開始在YouTube說書，把好書的內容分享給更多人，讓知識傳播出去，出版社和作者受益，讀者也提升自己。這就是共好——只要我們願意分享，每個人都能變得更好。

曾經，我在整理這條路上單打獨鬥，直到遇見經紀人Cole，我們連結更多可能，發現同行不是敵人，而是可以一起成長的夥伴。當我選擇用善意對待別人，回收的也是善意。

成功不應該是孤軍奮戰，而是與人同行。願意分享、願意合作，世界會回饋更多可能，讓我們一起走得更遠、更輕鬆、更快樂。

——**廖心筠**／收納專家、《姐整理的是人生》作者人生一定要有幾個典範，當你卡關時，腦海裡會浮現他，然後想著：「如果是他，會怎麼做呢？」沒錯，家德就是那個不時會在我腦海裡浮現的典範。

當我冒出與人計較的念頭時，我會想起家德以熱情的笑容對他人說：「沒關係啦！」當我只想到自己過得好時，我會想起家德不時在臉書發起捐款活動，幫助有需要的人；當我覺得讚美很麻煩時，我會想起家德當初是怎麼支持和稱許我的作品。想到這裡，難關也就煙消雲散了。原來這就是與人為善的幸福。為他人好，真的會讓自己活得更好！

——**歐陽立中**／「Life不下課」節目主持人

家德在網路上號召臉友幫助他人，是一呼百諾的天使。在員工眼中，是即知即行的號令將軍。

在大股東眼中，是有為有守的專業經理人。
在朋友眼中，是願意隨時隨地想到他人的好大哥。
在太太眼中，是願意將他奉獻給群眾的好老公。
在子女眼中，是大家說爸爸有多好，子女都會點頭的模範父親。
在我眼中，是他要我做什麼，我永遠都會說好的好搭檔。
台灣有一種好人，他叫吳家德。

——**謝文憲**／企業講師、作家、主持人

我的好朋友吳家德再次出版新書，是一場關於人生的深刻對話，也是一面映照自我的明鏡。他以細膩的筆觸，帶領讀者回望自身經歷的種種事件，無論是順境或逆境，皆是心靈修練的契機。他也提醒我們，人生的關鍵不在於遭遇什麼，而在於如何覺察、轉化，進而讓自己從「不行」走向「行動」。

家德的文字蘊含智慧與溫度，他不只是思考人生，更積極與世界對話。無論是在車程中與陌生人展開的真誠交流，或是透過Podcast傳遞知識與熱情，都展現出他對生命的深度參與。他的書不只是一本心靈指南，更是一場對讀者的邀請。陪伴你在人生的風雨中，活出堅定而圓滿的自己。

讀這本書，你將找到生活的智慧，感受一位智者的真摯分享，也或許會在某一個瞬間，為自己的人生找到新的方向。

——**羅紹和**／安得烈慈善協會執行長

認識作者吳家德先生多年，是創業路上溫暖的兄長，也是請益公司經營的前輩。每次碰面總是能被熱情與關懷感染而有滿滿的能量。這本書充滿了對「利他精神」的深刻詮釋與實踐，在這個瞬息萬變的世界裡，用行動為他人帶來正向影響。透過自身經歷，娓娓道來助人與成就他人的價值，不只是理念，更是他身體力行的生活哲學。

我深刻體會到家德兄不僅是一位商業領域的實踐者，更是一位傳遞善念的行動家。或許你沒有機會碰見他，但相信你仍能透過書中的文字，感受到他那些待人的溫度，也能在這些故事中重新思考人生看待事情的態度。這些故事充滿真誠，沒有說教，只有純粹的分享。我特別喜歡書中說：「認真生活，就是故事。」

書中的這些人物、期待，都能成為我們生活中的種子，你我其實都活在許多日常的故事當中，而身邊努力生活的每一位，都是令人感動與激勵的主角。

——**龔建嘉**／「鮮乳坊」創辦人

與人為善的幸福哲學

吳家德的豐盛人生心法

作者——吳家德

資深編輯——陳嬿守
副總編輯——鄭祥琳
封面設計——林紹楨
版面設計——王瓊瑤
行銷企劃——鍾曼靈
出版一部總編輯暨總監——王明雪

發行人——王榮文
出版發行——遠流出版事業股份有限公司
地址——104005 台北市中山北路一段 11 號 13 樓
電話——02-2571-0297
傳真——02-2571-0197
郵撥——0189456-1
著作權顧問——蕭雄淋律師

2025 年 5 月 1 日 初版一刷
定價——新台幣 380 元
（缺頁或破損的書，請寄回更換）

ISBN —— 978-626-418-149-5

國家圖書館出版品預行編目 (CIP) 資料

與人為善的幸福哲學：吳家德的豐盛人生心法 / 吳家德著 . -- 初版 . -- 臺北市：遠流出版事業股份有限公司 , 2025.05
面； 公分
ISBN 978-626-418-149-5(平裝)

1.CST: 人生哲學 2.CST: 利他行為

191.9　　114003135

YLib 遠流博識網
http://www.ylib.com
E-mail: ylib@ylib.com
遠流粉絲團
https://www.facebook.com/ylibfans